中国滑雪协会、2022北京冬奥组委专家审译
科技创新服务能力建设－科研基地建设－京津冀体育健身休闲发展协同创新中心
（项目代码：PXM2017_014206_000016）
国家重点研发计划课题（2018YFF0300600）"冬残奥运动员运动表现提升的关键技术"
国家重点研发计划课题（2018YFF0300400）"冬季项目运动员专项能力特征和科学选材关键技术"
国家体育总局运动能力评价与研究综合重点实验室
北京市运动机能评定与技术分析重点实验室

谁都可以成为滑雪专家

Anyone Can Be an Expert Skier

〔奥〕哈拉尔德·R.哈布　著

吴　昊　主审译

赵小钊　译

北京科学技术出版社

著作权合同登记号　图字：01-2017-4865

图书在版编目（CIP）数据

谁都可以成为滑雪专家 /（奥）哈拉尔德·R.哈布著；赵小钊译. --
北京：北京科学技术出版社，2019.8
　书名原文：Anyone Can Be an expert skier 1—The New Way to Ski
　ISBN 978-7-5304-9355-7

Ⅰ.①谁… Ⅱ.①哈… ②赵… Ⅲ.①雪上运动 Ⅳ.① G863.1

中国版本图书馆 CIP 数据核字 (2017) 第 263724 号

谁都可以成为滑雪专家

作　　　者：（奥）哈拉尔德·R.哈布		电子信箱：bjkj@bjkjpress.com	
主 审 译：吴　昊		网　　址：www.bkydw.cn	
译　　者：赵小钊		经　　销：新华书店	
策划编辑：李　丹		印　　刷：河北鑫兆源印刷有限公司	
责任编辑：韩　晖		开　　本：889 mm×1194 mm　1/20	
责任印制：李　茗		字　　数：300 千	
封面设计：申　彪		印　　张：10.8	
图文制作：八度出版服务机构		版　　次：2019 年 8 月第 1 版	
出 版 人：曾庆宇		印　　次：2019 年 8 月第 1 次印刷	
出版发行：北京科学技术出版社		ISBN 978-7-5304-9355-7/G·2708	
社　　址：北京西直门南大街 16 号			
邮政编码：100035			
电话传真：0086 - 10 - 66135495（总编室）			
0086 - 01 - 66113227（发行部）			
0086 - 01 - 66161952（发行部传真）			

定　　价：88.00 元

编 者 名 单

主 审 译　吴　昊

副主审译　殷　越　黄　兴

参　　编　李　琳　王　会

译　　者　赵小钊

目　录

第一章　介绍

滑雪不插电

在布鲁斯音乐界，埃里克·克拉普顿（Eric Clapton）和他的MTV让"不插电"的概念广为人知。克拉普顿是近几十年最好的电吉他手。在MTV的不插电现场演出中，他只使用纯声学乐器。他的表演在世界各地广受好评。随后，出现了许多不插电专辑，包括涅槃（Nirvana）和珍珠果酱（Pearl Jam）等乐队的经典曲目。出现这一现象的原因是，人们认为电子功放和录音设备，有时反而抵消了真正音乐的质感，在不插电表演中取消了电子设备，这种简约的表演确实为发挥表演艺术创造了条件。

为了清除杂音和突出基本乐器，出现了不插电音乐。在这里，我也有滑雪的"不插电"版本。在许多领域，越是简单的东西，就越是难以呈现和展示。我们在复杂环境中生活，并对复杂性习以为常。滑雪者们常抱怨，滑雪对技术的要求太高，充斥着大量的名词术语；而直到现在还没有出现"不插电"版本。本书的写作目的，就是拔掉滑雪的"电源"，主要介绍专家级别的滑雪所需的基本要点，没有其他内容的干扰。本书的读者群体就是众多迷惑和彷徨的滑雪者。

在一开始阅读的时候，不要与你正在使用的方法对比，而是等到你根据书中描述的方法进行练习的时候再进行对比。这些信息具有差异，因此要求不同的思考方式。在这里，我的意思是，不要让本书的内容去适应你正在使用、或是已经学会的老套路，而要考虑一个全新的框架。现在先不要丢掉你曾经所学的，不要急于判断，先尝试书中的内容，再做出决定！

关于本书使用方法的一些建议

本书分为三部分：

介绍

对各个水平的滑雪者来说，阅读介绍都是十分重要的。它解释了这一新的滑雪方法，以及该方法之所以有效的原因。

滑雪进度

这部分从初级水平开始，逐渐晋升到专家级。不论你处于什么水平，都可以直接从相应的水平开始练习。如果照片展示了你现有的滑雪水平，而你恰好卡在这一阶段，用"要点"中的内容作为帮助。每个练习的最后都有"要点"。如果你能完成"要点"部分的所有动作，就可以继续学习更高难度的技巧。通过强化"要点"中的动作来强化基本动作（primary movements）。本方法中的一些基本动作，就算放到专家水平，也不是常见的滑雪动作。彻底熟悉了新动作，剩余的部分就会容易些。

调整

本书的最后一部分是关于调整的。如果你回退两三个练习，有的动作依然难以完成，这时你也许要进行调整。一旦你发现符合"需要调整"的描述，请阅读"调整"这部分的内容。

书的末尾还有词汇表，遇到不熟悉的术语，可以在该部分查阅。

从我们的网站上，你可以下载和打印"口袋版指导卡片"，在滑雪时随身携带。卡片上的练习要点，对应每个练习后的"要点"。在日常练习时，它可以用于提醒。选一张练习动作符合你目前水平的卡片，根据上面的提示进行训练。

基本动作教学系统

本书中使用基本动作教学系统（primary movements teaching system），它建立在科学基础上，综合了物理学、生物力学、运动人体科学、解剖学来深度分析动作。由于这一系统高度依赖于基本动作和衍生动作的便捷性和精确性，无论正确动作还是错误动作，都会被深入研究。我们强调和保证措辞准确，因为以往的语言描述极易引起误解。

基本动作教学系统和其他教授滑雪的方法存在本质不同：

基本动作教学系统以动作为基础，非常准确。

基本动作教学系统的所有动作都强调创建和保持平衡。

为了达到正确的动作范式，基本动作教学系统有4个目标：

发挥滑雪的潜力

所有身体动作必须能帮助人们发挥全部的滑雪能力。

注意脚的动作

分析所有的动作都要从脚开始，这是动作链的起点。

准确和效率

所有的动作必须产生确定的结果。多余的动作不是基本动作，要么没有效率，要么属于代偿。

平衡

简单、微妙的精细小动作，能帮助身体在滑雪时有效保持平衡。

许多滑雪者使用破坏平衡的动作，这些动作总是需要其他动作来进行代偿或弥补。[一般来说，开始于动作链上方的多余动作（如髋部和腿的动作）会干扰平衡。]

> 基本动作是教授滑雪的逻辑常识方法。他帮助我的学生轻松学会滑雪，也帮助我轻松完成了原本认为在这个年纪不可能完成的动作。
>
> ——比尔·维克多（Bill Victory） 滑雪教练

解释基本动作教学系统

什么是专家级滑雪者？许多滑雪者自认为达到了专家水平，但这取决于滑雪的地形。我认为，专家水平，不止是指能在黑道上滑雪。真正的"专家"有更多内涵。他们有足够的身体控制与时空感知能力，能娴熟地完成连续转弯。观察一个专家，你能看到感觉和动作之间的联系。有的人能感受且控制雪板以立刃动作完成连续转弯时产生的力量。

另一些人感觉身体飘着下坡，而双脚稳定在身体下方，这种感觉为滑雪者带来快乐和优雅。你必须对专家级滑雪者的能力形成自己的认知。我的认知就是，能保持身体平衡，动作流畅。专家级滑雪者能在熟练下坡的同时完全控制身体动作。他能通过放松来完成看似偶然和不可能的动作，能通过精心计算找到进入下一个转弯的位置。这是许多人的努力方向，但是能成功做到的人很少。多数人都被无效率的动作、保守的风格所制约，只能在初级道或中级道上滑雪。当他们踏上高级道时，心中总是惴惴不安。

教学系统会阻碍滑雪者的进步吗？传统的滑雪教学使用了许多教学系统，结果既没有效率，又没有很好的预期，对滑雪者没有改变，更谈不上挑战。滑雪者们也不是根据掌握的能力被评级的。这些教学系统并不能挖掘学习者的潜力，甚至会导致其滑雪水平下降。因此，尽管人们一直在上课，水平提高却非常有限。这可能是因为，这些教学方法让学生因为取得很小的成就，或是实际上并不存在的成就而倍感欣喜；或者，教学方法本身就不能带来改进。

管用的课程

我的思路与那些方法有明显不同。如果教授一些能产生理想效果的精准动作；如果动作是按照逻辑顺序排列，并且按照小步骤逐一展示的；如果这些动作以个人运动需求为基础，滑雪者就能立即成功。制定和使用具有明确训练目标的计划，就能在学习中去除疑惑，节约时间。如果教学系统以孤立的阶段、动作或以僵化的标准作为进步标志，那么它只能满足自身的需要，而不是学员的需要。这样的系统只能导致学员的困惑。用两支雪板分担体重、双脚之间的间距很大、旋转双脚等，这些都是无用的例子。这些动作无法建立平衡。它们只是让滑雪者们有个开头，然后养成各种错误的动作习惯。

> 现在，我用脚的倾斜来控制雪板接触地面的角度。我40岁才开始滑雪，之前教练让我旋转双脚，让雪板尾部滑行，这让我迷惑。我总是失去平衡，没有任何意义。
>
> ——吉姆·皮特库克（Jim Pitcock） 医学博士

如果因为过去的错误指导，已经形成了错误习惯，该怎么办？不要担心，我的方法教授的动作，能让你把技术和目标结合起来。如果你用本书中的动作去滑雪，就能轻松保持平衡，还能显著改进技术。力量和天赋并不总是成为专家的必要条件。我向滑雪教练和休闲人群教授滑雪，许多人一个季度下来连8次都滑不到，现在他们也达到了专家水平，你也可以的。

如果你卡在了滑雪的死胡同里，原因通常是由于转弯过程中，角度改变的时点不对，没有掌握好。控制这一角度变化的能力，关系着多数滑雪者的成败。转弯过程中的这一时点，与多数错误和无法保持平衡都有关系，不该有失去平衡的瞬间。许多滑雪者学到的反而是用脚的过度旋转动作来打破好不容易建立的平衡。基本动作教学系统以支撑腿来建立新的平衡动作为基础。这样，当你进入下一个转弯时，仍旧处于平衡状态，能够顺利地完成平衡转换和转弯。理想状态是，在上一个支撑腿需要释放的时候，仍旧处于平衡状态。稳定和平衡是开始进入转弯的重要前提。如果你知道，可以在保持平衡和"放松释放"的同时，毫不犹豫地进入转弯，你会怎么做？你有用流畅的动作完成连续转弯的信心吗？

在动作的开始有基本练习。我平常将基本动作作为热身，穿着雪靴练习平衡。因为这一系统没有困难或者多余的动作，对于较高水平的滑雪者，同样可以使用入门动作来改进技术。这一系统向初级和中级滑雪者教授专家级动作，却很少强调难度级别，而级别会限制动作的改进和提升。虽然有的滑雪者能通过练习掌握犁式转弯或是半犁式动作，但我一般不会教授这些动作。我的目标是教授能利用雪板技术的精准动作以及指导你去完成平行滑。

> 用雪板底部在雪地上留下扫或抹的痕迹，这不是雪板的设计目的。

用基本动作训练的滑雪者，既不会犁式转弯，也不会进行复杂的犁式动作，如果要达到更高的能力级别，恰恰还必须放弃这些动作。我避开了这些可能导致学习进程放慢的陷阱。强调难度级别的训练计划会让你陷入陈规。本书中的章节教授的都是可以不断改进的动作。我相信，通过适当的学习，滑雪者能用最小的力气去完成转弯等动作，并且能用不太复杂的方法去实现。

下面的三个动作，是为成功滑雪打基础、做铺垫的。

释放、转换、发力

在从一个转弯到下一个转弯的过程中，这三个动作十分重要。当你开始关注它们的时候，就为滑雪开启了一扇新的大门。我会介绍这些动作，帮助你简练而有效地完成边缘转换，进行毫不犹豫、毫无障碍的边缘转换动作，能让滑雪更加自由。所有的动作都从脚开始，我会把这些动作分解成简单的练习，读者可以依据目前的水平去训练。

传统方法中初级和中级滑雪者学的内容，与高手的完全不同。正是因为这一原因，中级滑雪者很难成为高手。滑雪培训班的课程销售记录告诉我们，高手几乎从不买课训练，因为课程并不能帮助他们进一步提高。许多业余滑雪者以专家自居，他们认为自己的水平超过教练。你想使用高手们已经放弃的学习系统吗？我不这样认为。我们用简单和符合生物力学的方法，传授顶级滑雪者才使用的动作。

在停止培训运动员后，我开始指导滑雪教练。许多教练都希望像专家一样滑雪，拥有教科书般标准的动作。不过，这些动作与中级滑雪者们所学的差不多。每天，我在坡道上看见无数的中级滑雪者用毫无长进的技术滑雪。你也许学过这样无用的技术，如向着滚落线俯冲、旋转腿、在下山的时候旋转双脚，专家们从不使用这些动作。教练们也有很大问题，他们不能把所教授的内容和提升自己的技能结合起来。当我教授他们使用雪板的精确的脚部动作时，他们终于有了突破。

1995年，我的雪靴和脚终于登上了*Snow Country*杂志，作为我的文章*Focus on Feet*的配图。这篇文章介绍了我执教20年的心得，以双脚作为动作的开端。

> 所有我认识的最棒的教练，都是先教授脚的动作，再指导如何改善其他部位的技术。

如果不先练好脚部动作，其他部位的动作不能让你成为专家。因为专家并不是那样滑雪的。现在，你可以学习如何从脚部动作开始滑雪。

动作链

为什么使用脚能带来平衡？脚在雪靴内的动作导致踝关节的运动。踝关节又会对靴帮产生压力。这种压力稳定雪板，并且让它稳定地保持边缘接触地面。脚踝通过雪靴来控制雪板。如果从最接近雪板与雪地互动面的位置开始动作，就能得到小幅度的精确动作。从脚开始的动作，引发脚以上部位的反应。动作链是活动的链条，从一端开始，传递到全身。这是由一个简单的基本动作开始，向全身扩散的一系列动作或变化。当基本动作来自支撑与平衡的关键点——脚的时候，关联性就格外强。在"调整"这一部分，还要详细解释动作链。

支撑脚和自由脚

"支撑脚"和"自由脚"两个术语贯穿全书。为了避免重复，在这里说明它们的定义和用途。滑雪需要全身的动作效率。当一只脚的作用显著时，就是支撑脚。每次转弯时，双脚轮替，都是一次新的开始。

支撑脚：支撑身体平衡的脚

支撑脚的分工是为了支撑身体和维持站姿。所有的平衡都由支撑脚和对应的腿部来完成。

自由脚：启动倾斜和平衡动作的脚

自由脚的分工是引导转弯的方向。它只承担很少重量，有时甚至根本不承担任何重量。它被用来控制平衡，可以相对"自由"运动。开始转弯的动作是由自由脚发起的。

用新的支撑脚来保持平衡，是有意为之的动作，包括释放和抬起目前的支撑脚。一旦减轻负重或抬起，它就不再是支撑脚，这样就完成了转换。

本书许多章节的描述和参考资料是关于转弯时双脚分工转换的。注意：在转换时，释放支撑脚，减轻它的负重。大部分情况下，当你想要开始新的转弯时，第一步就是要减轻支撑脚的负重。当你开始使用这些动作时，平衡和支撑就自动转换到了另一只脚上。

释放：脱离旧的转弯

基本动作教学系统要求滑雪者早期就要学习平行释放动作，并且是学得越早越好。学会用脚的动作进行释放，能够建立起滑雪时的功能平衡。用这些动作滑雪，需要专注以知晓感觉的变化。对板刃和触地角度的意识将是反馈的一部分。释放动作会成为你的计划的一部分，它包括放松肌肉，让重力带着你进入下一个转弯。完全控制身体的下山动作是什么样的感觉？如果你是初学者，你将建立起正确的动作意识。你避免了让无数中级滑雪者止步不前的错误。

平衡转换：建立新的支撑脚

也称作"负重转换"，是本书中教学系统的一个重要特点。

> 在转换"平衡"时，你的动作将带来能力和控制的提升。

对我而言，学会用一只雪板保持平衡是建立快速学习和不断改进技术的基础。在滑雪时，遇到新的转弯就要改变支撑腿。在上一个转弯时，就要开始准备进入新的转弯。这样才能尽早准备好新的支撑脚，有足够的时间来建立稳定的平衡。改变支撑脚，对于尽快在新的转弯处建立平衡十分重要。这是一个有意为之的动作，必须果断完成，不能犹豫。本书中的练习将展示如何进行转换动作，可以逐渐完成，也可以瞬时完成，取决于具体场合。要想成功完成第二个转弯，关键是完成开启平衡转换的动作。

在我们教学系统的开篇，你就要学习何时、如何转换姿势，以及转换到哪只脚。如果你能在客厅里单脚站立，你就能学会像专家一样滑雪。在切换到新的支撑脚的时候，你只需要从雪地上抬起现在的支撑脚，过去的支撑脚自然变成了现在的自由脚。

启动：倾斜雪板建立新的转弯

在这三个动作中，最早进行的动作是启动。因为你早就通过正确的释放和转换开始了这一动作过程。启动更像是一种控制活动。

它决定了你以多快的速度或什么样的姿势进入下一个弯道。通过使用自由脚的简单动作，你不但能决定转弯的长度，还能决定转弯的速度。当自由脚能主动控制你进入转弯时，启动就变得非常自如了。

> 出众的滑雪技能没有秘密，就是精确、有效和俭省的动作。

平衡

上面讨论过的所有动作都需要一项基本能力，这就是平衡。在滑雪中，平衡既是最容易被理解，也是最容易被忽视的动作。多数滑雪者既不懂什么是平衡，也不知道平衡从何而来。因为他们从未正确地了解平衡。我要讨论的是不同水平的平衡，也是一种更高级别的平衡。

对不同的人来说，平衡具有多重意义。对头部受过重伤的人，能站直了，能走路，就是了不起的平衡。我们也不指望他能滑雪，因为他的平衡还没达到能够完成更复杂动作的能力。同理，我也不同意把平衡的标准仅仅定义为能站在两只雪板上，并向山下移动的能力。对滑雪高手来说，应有的平衡能力不止于此。我对平衡的界定是，用一只脚站在一支雪板上的能力。你将要看到的，就是如何发展单脚平衡能力。通过简单又合逻辑的小幅动作去发展平衡能力，这是对滑雪者的考验。不要泄气，平衡已经被仔细研究过。结论是，如果训练得当，人的平衡能力是可以显著提高的。

在过去的四年里，通过介绍单脚滑雪，这一项目已经促进了滑雪的发展。在按照这一系统训练的同时，你也练习了平衡动作。要想完成高级动作，就必须训练单脚平衡能力。

利用雪板的形状

我想尽早介绍雪板的使用方法，这样可以澄清许多有关滑雪的误解。我们早就知道，转弯的弧度和形状会极大地影响速度控制。所有的滑雪高手都能很好地控制速度，因为他们的技术能够完成圆弧转弯。相反，错误的技术动作会让速度控制变得非常麻烦。你无法用错误动作完成圆弧转弯，这好比是让马用缰绳去推车。让我困惑的另一件事是向滑雪者们展示圆弧转弯的时候，他们还不具备相应的能力。传统滑雪教学认为，教给学生"形状"，他们就能学会圆弧滑雪。不过，我翻遍了解剖学书，也找不到关于这种"形状"的肌肉。既然如此，滑雪者如何完成这样的动作呢？在基本动作教学系统中，我提出了实现圆弧转弯的特别方法。那么，我们抛弃"形状"的秘密吧。形状，或者说是转弯的形状，完全取决于你如何使用雪板。如果滑行过弯，就不可能有好看的形状。一旦开始滑行，就失去了对动作的控制。滑雪之所以能够进行，是因为有脚的控制以及髋部和腿的扭动。在使用新型"抛物线"雪板时，一旦开始滑行，这些动作就很难减缓、抵消或控制。

> 如果滑行是控制速度的好办法，所有的高手们都直接滑着下山了。

如果滑雪者们真想学习如何滑行，我无论如何也要想出传授滑行技术的有趣方法。我还没见过在掌握了立刃技术后还要求学习如何滑行的学生。能否用立刃切割完成圆弧转弯，取决于雪板与雪面的倾斜角度、脚对雪板的压力、雪板的弹性以及板刃的形状。这当然十分复杂。这就是为什么切割的圆弧轨迹很难实现。在专门教授基本动作的章节里，我要介绍如何使用简单的动作去完成圆弧转弯，以及如何塑造转弯轨迹的形状。

"抛物线"雪板

雪板设计的改进对完成圆弧切割也有深刻的影响。现如今，有了"抛物线"雪板，就更容易完成更突然、更圆润、下切更深的转弯动作。也许，一副"抛物线"雪板的最大特征，就是稍微倾斜，能够让它的边缘与地面形成角度，即可实现卡宾动作。这项技术使它更容易进入转弯，更易控制，只用小幅度的倾斜动作即可操纵。因此，滑雪培训行业可以利用巨大的技术进步来方便初学者的教学。

腿的旋转或扭转是最普遍的滑雪动作。多年来，滑雪者用这些动作在滑雪过程中改变方向。现在，这些动作还是多数滑雪指导书的内容。使用旋转技术的滑雪方法可以追溯到奥地利体系，乔治·约波特（George Joubert）在20世纪60年代写的书里也有相关记载。在那时，雪板又重又厚，只有力气大的人才能让雪板转向。既然现在的装备迥异于那时，为什么技术还要保持不变呢？

这就是我研究基本动作的原因，这是一种以新一代雪板为背景的复杂方法。现在，你在滑雪时可以少费力气，享受更多乐趣，控制动作和保持身体平衡也更加有效。好的事物大多是有限定的，你不能用过去的方法来学习今天的雪板。我见过数百滑雪者检测这种新的"抛物线"雪板，大约有一半的人在事后如此评价这些新设计的雪板"非常容易转弯"或者"容易进入立刃动作，我能感受到切割"；另一半人的感觉有些复杂，他们不这么乐观，"没有什么不同"或是"感觉滑雪更稳了"。出现两种矛盾的评价，原因是滑雪者使用雪板转弯的方式存在区别。评价不乐观的另一个原因，是滑雪者的身体协调性不匹配。简而言之，就是他们不喜欢这种新雪板，更不懂得如何去使用。一个比喻是，用能够让一辆重型自卸车转向的力量，去操纵一辆运动轿车，结果是轿车可能过度转向，甚至冲出道路翻车，同理，如果用操控传统雪板转向的力量去操控更短、更轻的"抛物线"雪板，也会导致意想不到的后果。

许多传统的滑雪者不愿意接触新技术的雪板，而是愿意沿用30年前的滑雪方法，他们觉得新型雪板不符合他们的期待。我可以举一个大号网球拍的例子。在我还是年轻的职业网球运动员的时候，队里的优秀网球手一般不屑于使用"大号网球拍"这种"欺骗式"球拍，但他们没用多久就意识到这种大号球拍能提供更多的力量，性能更好，也更省力。

传统滑雪者也会得出同样的结论——更快速学习、更轻松、更少疲劳及更多乐趣。他们滑雪时会更省力、更精确、更温柔。如果你想学习"抛物线"雪板课程，也要留心。要找一位使用"抛物线"雪板的教练，并且这位教练至少指导过一个季度的"抛物线"雪板课程。许多教练还用旧方法来指导新型雪板的课程。在我看来，这不会取得太大进步。

这就像一个人只有使用打字机的能力，却要使用文字处理器。虽然可以达到目的，但是无法发挥全部潜力。本书教授的是目前唯一专为"抛物线"雪板设计的教学系统。在关于调整的章节，还会介绍更多关于"抛物线"雪板以及如何选购的知识。

第二章 脚和雪板的扭动

"逝去的滑雪艺术"

本章讲述基本动作，包括姿势、自由脚和水平动作。在介绍动作时，演示者仅穿着雪靴，不用雪板。在简化、无风险的环境中，结合演示例子，介绍如何使用脚，是最容易理解的。所有的基本动作尽量在平地上进行，使用脚和脚踝的小范围运动，发展平衡能力。这些练习中的动作，同样也是高级滑雪技术的基础。因此，即使是老手，也不应当忽视它们。我希望高水平滑雪者能复习基础动作，并进行练习。

我在许多场合都向高手介绍基本动作。这些动作都不难，但是许多人并不能把它们做好，这对于这个阶段的滑雪者来说是非常不正常的。这是由于在滑雪练习过程中他们把踮脚这一动作在关键时刻忽略了。我通过强调脚和脚踝的动作来使滑雪动作更加柔和优雅，从而提高动作的灵巧度。

只要有一次安全的雪上训练机会，你就可以快速掌握这些有效而简练的动作。在练习时，必须力求精准，如果能准确掌握，你就可以在学习动作与重复动作之间建立起最优关联。每个人对学习-重复的感觉会有差别，但是，精确的动作能更好地培养感觉。用这种方式，你可以尽早形成控制动作的感觉。

脚和雪靴的水平动作能塑造敏锐的意识。通过感知和分辨脚和雪靴的接地部位，你可以控制倾斜角度。在每次滑雪前，我都会找机会练习这些动作，不论是在滑雪木屋还是在停车场，只要穿上雪靴，我就通过脚的倾斜姿势来感受雪靴的角度。

我发现观察脚的动作产生的腿和髋部的变化是一件非常有趣的事情。身体中段与上部会对脚的动作产生反应，验证了第一章中提到的动作链条。随后，我把脚上产生的与动作相关的意识转移到滑雪过程中。雪板接触雪面较大的轻微变化对改进滑雪技术非常重要；掌握了脚的动作同样会有帮助。

这些练习可以帮助初次滑雪者达到在使用雪板时提高平衡能力的目标，而不至于意外滑倒。让雪板成为能够预测和值得信赖的伙伴吧。

下页进入动作过程

2-1 在水平地上练习倾斜脚

多数滑雪者在初次接触滑雪时会感到不适，能在第一次滑雪时就自信满满的人就更不多见了。下面是让你在第一次滑雪时就感觉像个高手的机会。每个动作步骤都能达到相应的动作改进的目的，你能感觉到进步。从第一次体验中获得正面感受是成功的关键。

动作介绍

站在水平地面上双脚接近，但是不要并拢。脚尖朝向正前方，既不要外八字，也不要内八字。双脚侧向倾斜，让雪靴的侧面接触地面。缓慢移动，让雪靴和地面的角度，与脚和地面的角度保持一致。

动作细节（图2-1）

a：站姿，穿雪靴水平踩在地上，让身体重量均匀分布在双脚。

b：双脚向右侧略微倾斜。左脚的大脚趾一侧和右脚的小脚趾一侧接地。双脚保持平衡，可以用滑雪杖做支撑。

c：增加双脚和小腿向右侧倾斜的角度。在保持平衡和不摔倒的前提下加快动作的速度。

图 2-1　脚的倾斜，在水平地面上只穿雪靴

d：回到站立姿势。

e：做方向相反的动作。双脚向左侧略微倾斜。左脚的小脚趾一侧和右脚的大脚趾一侧接地。脚越是向左倾斜，脚与地面所形成的角度就越大。

总结

在这些照片中，小腿与地面之间有夹角，膝盖偏向一侧。让膝盖跟随脚的运动。从脚部开始做动作，身体的其他部位调节平衡。这就是动作链条的工作过程。

d   e   f

在室内对着镜子练习，或是在室外找朋友检查动作，确保双脚与地面的夹角相同。同时，小腿也应始终保持平行。放松髋部，膝盖自由弯曲，这样脚的动作才能向上传导到身体。如果双膝的间距小于双脚的间距，注意调整小脚趾一侧接地的脚。如果双膝的间距大于双脚的间距，注意调整大脚趾一侧接地的脚。如果倾斜得困难，会影响直线行进。

一个常见的错误，就是认为膝盖必须被推动，才能实现侧向运动。在这里的练习中，不要用大腿肌肉带动股骨旋转作为驱动力量。必须关注双脚，它们与雪靴和雪板是最直接联系的，也是检查是否平衡最重要的指标。

注意：雪靴不能在雪上旋转。在脚倾斜的过程中，脚趾必须始终朝向前方。在开始练习前，清理雪靴上多余的雪会有所帮助。

注意：腿在真实雪板滑雪曲线动作和本练习中的共性。

动作要点

· 两只雪靴朝向正前方（不要内八字也不要外八字）。

· 基本动作：双脚从一侧倾斜至另一侧。

· 两只雪靴与地面的角度保持一致。

2-2　在坡面上练习倾斜脚

图 2-2　脚的倾斜，在斜坡上只穿雪靴

　　侧身站在斜坡上，感受雪板的角度，感受脚在雪靴内的角度。后续几乎所有与雪板转弯有关的动作，都与此有关。与上一个练习的区别在于，这个练习是在缓和的斜坡上，上一个练习是在平地上。

动作介绍

　　侧身站在斜坡上，两只雪靴保持平行。通过双脚动作，让雪靴从一侧倾斜到另一侧。保持动作缓慢和双腿小腿平行。向后转进行另一侧的练习。

动作细节（图2-2）

　　a：站立，将更多体重放在支撑脚（滑雪者的左脚）上。由于地面坡度，雪靴与雪地之间存在夹角，站立的主要部位是位置较高的自由脚（滑雪者的右脚）的小脚趾一侧和支撑脚的大脚趾一侧。

　　b：双脚向斜坡上方倾斜，保持相同的角度，让雪靴与地面成一定的角度。用双脚寻找平衡，双手持杖分开，用手臂和滑雪杖做额外支撑。

　　c：进一步加大倾斜角度。用双脚平衡身体。

　　d：回到起始姿势，然后双脚向斜坡下方倾斜。

d   e   f

e：双脚进一步向斜坡下方倾斜，让下方的脚保持平衡。

f：用下方脚（滑雪者的左脚）的小脚趾一侧和上方脚（滑雪者的右脚）的大脚趾一侧站立。

总结

髋部放松，让双腿可以对脚的动作做出反应。让朋友帮助观察双脚的倾斜角度是否相同。注意，图2-2中的c所示与平行转弯结束时多么相似。

双脚倾斜角度不同会难以保持一致动作。X形腿的人会发现膝盖相互接触，而O形腿的人会发现膝盖间距过大。

避免雪靴在雪地上旋转。保持脚尖始终正对前方。骨盆处于稳定状态，同样正对前方。

动作要点

·伸展双臂，使用滑雪杖来保持平衡。

·根据斜坡的上下方向来练习脚的倾斜动作。

2-3 练习倾斜自由脚

图2-3 只穿雪靴，练习脚倾斜动作，变换支撑脚和自由脚

　　以上一个练习为基础，区分支撑脚和自由脚。双腿同时用力，产生一些紧张感，会有所帮助。进行两个方向的练习。如果你能穿着雪靴进行下列练习，很快就能成为专家。不要等到冬天，在家中的地毯上同样可以练。注意，滑雪杖不能打滑，因为你要用它们来保持平衡。在能够伸直双臂的露天场所，可以用墙壁代替滑雪杖来练习。

动作介绍

　　侧身站在山坡上，双脚并拢，脚尖指向正前方。抬起位置较高的自由脚，向自由脚的小脚趾一侧倾斜，让位置较低的支撑脚跟随自由脚倾斜，达到尽量大的倾斜角度。然后让自由脚回到地面，抬起支撑脚。这时需要用滑雪杖保持平衡。现在，向新的自由脚（滑雪者的左脚）的小脚趾一侧倾斜。

动作细节（图2-3）

　　a：位置较低的脚（滑雪者的左脚）是支撑脚，它负责保持整个身体的平衡。抬起位置较高的脚（滑雪者的右脚），就是自由脚。它来引领倾斜动作。

　　b：倾斜自由脚，让支撑脚保持平衡，让承重腿达到与自由脚相同的倾斜角度。

　　b与c：自由脚尽量倾斜，支撑脚保持与自由脚同样的角度。支撑脚要保持大脚趾一侧倾斜接地，在此基础上，用身体的其余部位保持平衡。

　　d：将平衡从支撑脚转换到自由脚。让自由脚（滑雪者的右脚）的小脚趾一侧接近雪地。抬起支撑脚（滑雪者的左脚），让位置较高脚的小脚趾一侧接触地面。

d　　　　　　　　　　　　　e　　　　　　　　　　　　　f

　　e：用新的支撑脚建立平衡后，让自由脚（滑雪者的左脚）向小脚趾一侧倾斜。

　　f：将支撑脚从小脚趾一侧接触地面改为平放接触地面。增加自由脚的倾斜度，保持两腿小腿平行，再让支撑脚的大脚趾一侧接触地面。

总结

练习结束摆脱转弯，开始新的转弯的姿势。

用自由脚带动倾斜动作。双脚的倾斜角度要一致。

支撑脚的主要功能就是保持平衡。当支撑脚与自由脚转换时，让新的支撑脚的小脚趾一侧落地。

如果很难保持自由脚与支撑脚之间的相同角度，就难以保持协调。

这一练习对初学者与高手都很重要。

动作要点

·使用滑雪杖保持平衡。

·抬起自由脚。

·用支撑脚保持平衡。

·让自由脚向小脚趾一侧倾斜。

2-4　S形行走

图 2-4　在雪地上沿着 S 形曲线行走

动作介绍

　　结合脚的倾斜姿势，沿着弯道行走，能培养正确调节身体平衡的感觉。找一处平缓的山坡，用滑雪杖在雪上画一段S形弯道，然后从弯道的一端开始，沿着它行走，让双脚都朝山坡的方向倾斜。抬起位置较低的一只脚，让它作为自由脚，向小脚趾一侧倾斜。放下时让它沿着曲线行进，让大脚趾一侧接触地面。继续沿着曲线行走，保持一只脚的大脚趾一侧落地，另一只脚的小脚趾一侧落地。你可以了解脚部动作的控制反馈，以及上半身和腿部的对应动作。

动作细节（图2-4A，图2-4B）

　　a：双脚向高处倾斜，图中滑雪者的右脚的大脚趾一侧接地，左脚的小脚趾一侧接地。

　　a与b：抬起右脚，它就成了自由脚。让它向小脚趾一侧倾斜。然后，让支撑脚（滑雪者的左脚）向大脚趾一侧倾斜。

　　b：让支撑脚（滑雪者的左脚）倾斜至整个脚底接触地面。

　　c：让自由脚继续向小脚趾一侧倾斜。旋转支撑脚，用它的大脚趾一侧，让身体保持平衡。

　　d：右脚踩在雪地上，小脚趾一侧接地。抬起左脚（保持倾斜），沿着S形曲线的方向，用大脚趾一侧接地。

e与f：双脚交替落地，沿着S形曲线前进。保持用正确的部位接触地面。

总结

戴上雪板后，再练习这些动作，雪板会滑动和转弯。你必须继续按照S形路线前进。

本练习的关键动作是双脚和双脚的落地部位更替，如图2-4中的a与图2-4中的b所示。一旦进入弯道，这就是第一组动作。如果你抬起左脚，把它对准S形弯道，就会卡住。不论程度如何，这都是应当尽力避免的情况。

在弯道上的每一步，都要保持脚的一侧接地。不要让脚趾一起接地，否则也会卡住。

动作要点

·使用滑雪杖保持平衡。

·让自由脚倾斜。

·将平衡从小脚趾一侧转换到大脚趾一侧。

2-5 带着雪板抬起和倾斜自由脚

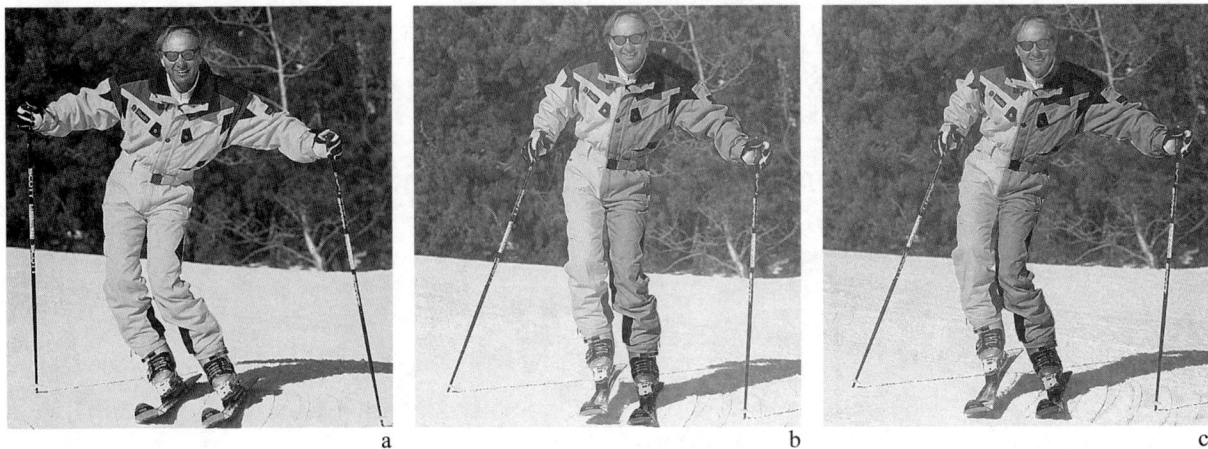

图 2-5　在山坡上侧身倾斜身体和雪板，进行自由脚和支撑脚的更替

　　"抛物线"雪板给予滑雪者们快速掌握平衡和学习滑雪的机会。在所有的展示中，我使用的都是"抛物线"雪板。如果你能完成这里介绍的平衡动作，就能掌握平衡滑雪技术。有的人要花费更多时间学习；但是，它对滑雪的效率至关重要。图2-2与图2-3中的无雪板练习，目的是了解雪靴底与脚的倾斜感觉。穿上雪板后，也是同样的道理，并且增加新的有趣挑战，区别在于雪板会前后滑动。重要的是，让两只雪板与坡面方向（滚落线）保持90°，这样才能防止前后滑动。本练习介绍水平动作，以及穿雪板的单脚平衡，你会使用雪板的4个边沿。就连高手也很少学到如何使用这4个边沿，你即将学到专家级的动作和平衡技能。

动作介绍

　　在坡底部找一处缓和的空地。双手持滑雪杖辅助保持平衡。每侧手臂提供相同的支撑。让下方的脚或支撑脚承担更多体重。向山坡上方倾斜脚，使板刃接触雪地。抬起右脚离开雪地，让下方的脚的大脚趾一侧承担平衡。从舒适的起始姿势开始，略微向前后方向倾斜，直到达到最大的倾斜范围。记住从自由脚开始所有的水平动作，放松，髋关节带动腿运动。

　　注意：图中的阴影表示支撑脚的一侧。

动作细节（图2-5）

a：双脚都要达到最大倾斜范围，主要由支撑脚承担平衡。继续让自由脚向小脚趾一侧倾斜，保持双腿平行。

d   e   f

b与c：从正常的舒适姿势开始，抬起上方的脚，现在，它就是自由脚（滑雪者的右脚）。慢慢将支撑脚向大脚趾一侧倾斜。当雪板达到最大的倾斜范围后，向前后方向和两侧方向移动脚。

d：回到双脚支撑姿势。

e：抬起山下板（下方的脚，滑雪者的左脚），现在，它是自由脚。山上板（上方的脚）成为支撑脚。让支撑脚（上方）向小脚趾一侧倾斜。尽量长久地用支撑脚保持平衡。经常做这个练习，可以舒适地保持平衡。

总结

这些练习动作，从脚开始，包括大腿与骨盆的转动。当你用边缘部位接地时，应尽量保持骨盆的稳定与静止。在骨盆稳定的前提下，成功完成这些动作。如果能控制骨盆，就能完成多数中级滑雪技术。

动作要点

· 与垂直滚落线呈90° 站立。
· 抬起一侧雪板。
· 让支撑脚雪板的一侧接地。
· 转换到另一侧的支撑脚，并重复动作。

2-6 环形路线的行走技巧

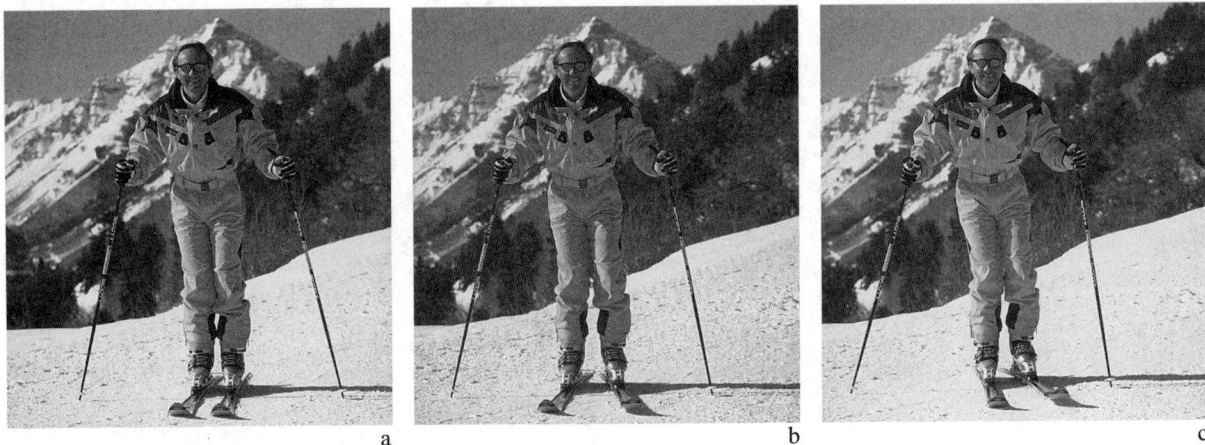

图2-6 在平地上，用扇形方式带雪板行走

行走练习的目的是学会改变行进方向。行走动作让雪板稍微倾斜，发展平衡能力和脚的独立动作。

动作介绍

每次移动一只脚，分别向两个方向移动雪板的前端。用小步幅来控制动作。每次移动一只脚改变平衡，雪板的前端要么在弧线以内，要么在弧线以外。使用滑雪杖来保持平衡非常重要。从平缓地面上开始练习，在身体转动时，移动滑雪杖。

动作细节（图2-6）

a：起始，双腿接近并拢，双手自然扶稳滑雪杖。

b：将左侧雪板的前端向左移动，保持雪板后方静止。左侧雪板与左侧滑雪杖更为接近。在继续向左移动雪板时，移动滑雪杖，并保持滑雪杖与髋关节之间的距离不变。

c：用同样的方法，将右侧雪板的前端向右移动。向右移动至少6步。

d：移动右侧雪杖，让它更接近右侧雪板，保持平衡和对称的手臂位置。

e与f：手脚协同动作，缓慢而顺畅地侧向移动。在到达与起点呈45°的位置后，从右侧雪板

d   e   f

开始，按照相反方向，完成与左侧同样的练习，实现完整的90° 方向转变。

总结

在最初的几步过后，这些动作看上去是重复的；但是，必须准确练习，防止雪板的交叉，或是踩到滑雪杖。雪板每次移动的范围，应当不超过12英寸（约30.5厘米）。练习的目的在于，在开始滑雪动作前先建立支撑脚的稳定平衡。注意，当自由脚离开雪面时，身体应处于舒适的平衡状态。

要点

· 让一侧雪板的前端向外侧移动。

· 让两只雪板保持平行，完成一组动作。

· 移动滑雪杖，配合脚的动作。

2-7A 侧向移动

在进行下一项练习前，在缓和坡面上进行侧向移动练习或许会有所帮助。侧向移动与每次一个台阶侧身上楼梯类似，先让两只脚站在同一个台阶上，然后再前进到下一个台阶。从与图2-5中相同的姿势开始，抬起自由脚，向上方倾斜并移动。在移动过程中，保持支撑脚雪板的侧面接触雪地。向上移动5英尺（约12.7米）后，用滑雪杖稳妥保持平衡，让雪板的尖端略微对准坡面下方。感觉到重力牵引雪板后，顺势而为。站在雪板的中部，把滑雪杖从雪中拔出来。你会慢慢滑到斜坡底部。能够顺利进行这个练习后，开始尝试下一个。

动作要点

· 向斜坡上方平行移动。
· 在移步时，用雪板的边沿站立。
· 用滑雪杖保持姿势。
· 将雪板的前端对准斜坡下方，开始移动。

2-7B 雪板前端转弯

在移动时，你在短时间内站在一侧雪板上。但是，这段时间已经足够让雪板产生反应了。在你移动双脚时，"抛物线"雪板常出现转弯。也许这就是你第一次感受到雪板的旋转。如果它不转，不要担心，只是时机未到。旋转的条件，取决于雪板、速度、坡度和雪的种类。第一次尝试也许并不会感受到旋转，但是，它是为平行滑雪打基础的重要准备。

动作介绍

在缓和的斜坡上，让雪板前端偏向下方（坠落线的方向），箭头表示滚落线，它是重力作用最强的方向。让你的雪板沿着坡面下落。当你逐渐减速，或是感觉舒适时，使用练习图2-6中的移动动作"环形路线行走"，逐渐改变方向。将在过去练习中的动作结合起来，在让雪板前端转向上方时，稍微保持倾斜。如同图2-5所示，阴影表示支撑脚的一侧。

图 2-7B 从缓和转弯处踏步上行

动作细节（图2-7B）

a：从稳定、平衡、双脚承担体重的预备姿势，沿着滚落线，开始向下移动。

b：根据地形，在开始动作后，你可以立即向右侧移动右脚。当迈第一步时，你要抬起右脚，用左脚保持平衡。在进行移动练习时，抬起并移动雪板的前方。

c：当自由脚和雪板落地后，用它来保持平衡。然后让支撑脚与之平行。小步幅的快速动作效果较好。

d：移动右脚，用它保持平衡。抬起左脚，让它与右脚平行。

总结

在最小幅度的移动距离能达到的范围内，尽量多改变方向。动作的后果，就是对"抛物线"雪板施加作用力。如果左侧雪板开始向你移动的方向自行旋转（图2-7B的右侧），那么顺势而为。在雪板转弯时，放慢速度。所有动作的重点都是脚，上半身保持稳定。如果你需要滑雪杖来保持平衡，可以拖拽，也可以向演示照片中这样，用来支撑。

动作要点

·让右侧雪板的前端朝向斜坡上方。

·在沿着弯道移动时，将平衡从一只脚转换到另一只脚。

2-8 花环移动

这是图2-7的扩展，在滑雪中被称为"花环移动"。"花环"指的是这样一种半弯道，即在山地上延伸的，相互联系的半弧形。本练习的目的是熟悉用雪板前端下坡，而不经过所有的拐弯。当雪板前端对准下坡时，速度自然会加快；当对准上坡时，速度自然会下降。这个练习可以帮助你学会如何利用"抛物线"雪板的设计，进而改变方向的动作。

动作介绍

按照上坡和下坡的方向进行移动。要找到有足够空间的练习场地，最好是开阔且人少的斜坡。

动作细节

按照图2-7中的起始动作，双脚承载体重，保持稳定平衡的姿势。从平缓的角度开始下降，向上方移动雪板（如图2-7B），直到改变方向。当雪板沿着坡面横向上移，速度减缓时，再移动雪板到坡的底部。当雪板对准下方时，速度会加快。当你感觉向下方移动了很长距离后，再把雪板前端对准上坡方向减速。

总结

如同上一个练习，使用小步幅快速移动，而不是大步幅。多练习几次，每次都向下方移动的远一些，然后再返回。先通过向上移动来控制速度，再去陡坡进行更难的尝试。

动作要点

·将雪板前端对准下坡。

·向后方和上方移动来减速。

·在侧身穿过斜坡时重复动作。

下面的表格，描述了一些练习中的协调一致性是如何影响练习效果的。想要查看更多信息，请阅读第十二章。

动作	膝盖内扣	正确姿势	膝盖外翻
图 2-1 只穿雪靴，不穿雪板站在平地上，向侧面倾斜雪靴，让双脚达到相同的角度	脚向大脚趾和小脚趾方向的倾斜会变得困难，膝盖会并在一起	两只雪靴的倾斜角度相同，两侧小腿平行	脚向大脚趾一侧的倾斜变得困难。当倾斜方向变化时，膝盖之间的距离会大于双脚之间的距离
图 2-2 只穿雪靴，不穿雪板，侧身站在缓和的坡道上，雪靴与坡道呈90°。用脚和脚踝的动作转动雪靴，直到靴底呈水平位置，接触地面	上方脚向小脚趾方向的倾斜会变得困难。膝盖之间的距离会小于双脚间距	两只雪靴很容易达到相同的倾斜角度。双侧小腿始终保持平行	双膝难以保持协调。比起上方脚，下方脚在雪地上会更接近"水平"，上方脚更容易向小脚趾一侧倾斜
图 2-3B 只穿雪靴，不穿雪板，侧身站在缓和坡道的滚落线上，用下方脚保持平衡。向大脚趾方向倾斜下方脚，用滑雪杖辅助保持平衡	站姿状态下，双膝容易并拢，髋部折叠且位置过低。靴底只能倾斜很小的角度	形成正确姿势的滑雪者，具备中正的站姿，双腿微微弯曲即可保持平衡。自由腿与支撑腿几乎保持平行。自由脚的鞋底，与支撑脚的角度相同	很难用下方脚的一侧保持平衡。想保持平衡就必须让自由脚远离身体。双臂外展，腿部僵直
图 2-4 在雪上走S形路线	每一步都会有膝盖内扣的痕迹。在过弯道时，很难向小脚趾一侧倾斜。向大脚趾倾斜的脚对应的膝盖，会碰到向小脚趾一侧倾斜的腿	在从一侧向另一侧的动作转化时，雪靴的角度可以保持协调。双侧小腿在倾斜的过程中保持平行	膝盖间距过大会始终显现。当自由腿向小脚一侧倾斜时，膝盖会向身体外侧突出。外侧腿向大脚趾一侧倾斜会变得困难

动作	膝盖内扣	正确姿势	膝盖外翻
穿着雪板，站在平地上，让雪板向两侧倾斜。让两只雪板保持相同的倾斜角度	雪板难以向小脚趾一侧倾斜。膝盖间距过小	双脚保持相同的倾斜角度，两条小腿保持平行	雪板难以向大脚趾一侧倾斜。当倾斜方向从一侧转向另一侧时，膝盖间距会大于双脚间距
图2-6 穿雪板走环形路线	雪板会向大脚趾一侧倾斜，双脚分开的同时，膝盖会相互接触	在移动过程中，雪板平稳地落在地面上	雪板向小脚趾一侧倾斜时，经常会卡在雪地上。当抬起支撑脚时，可能打滑。膝盖间距会大于双脚间距
在缓和的斜坡上，向上方侧向移动3步	侧向移动会出现困难。山下板的大脚趾一侧经常抓不住地面，山上板的雪板水平落地，而不是向小脚趾一侧倾斜	两侧雪板接触地面，提供移动的基础。上方脚的小脚趾一侧和下方脚的大脚趾一侧接触地面	如果不把身体向山坡上方倾斜，或是保持双脚分开，下方脚就很难保持平衡。在抬起下方脚时，可能会打滑
图2-7 雪板前端转弯	上方雪板很难用小脚趾一侧落地，上方脚也很难保持平衡。而靠过度移动支撑脚来补偿，往往太迟缓。支撑脚的雪板，经常直接向下方移动，而不是经过缓和曲线	两侧雪板都可以在地上做出倾斜动作，用任何一侧的脚都能保持平衡，都能容易地完成练习	支撑脚的雪板，一旦抬起，就容易滑动。经常向山坡方向倾斜，才能让脚向小脚趾一侧移动

第三章　消除犁式动作

本章将最后阶段的中级滑雪者变成平行滑雪者，这些动作让各个水平的滑雪者都受益。

只有开始平行滑雪，才能真正享受滑雪的乐趣。不论别人怎么说，真正的滑雪都是平行滑雪。直到能够平行通过至少三处连续弯道，你才可以体会到滑雪的魅力。本章的目的，就是帮助你消除改进技术时遇到的陷阱，避免犁式转弯和半犁式动作。许多读者都知道，摆脱犁式动作，是多么困难。一旦经历了犁式动作，就很难改变。你的腿和雪板，会在各种情况下进入犁式动作。因此，必须远离这种无效率的动作。在"基本动作教学体系"（PMTS）中，犁式动作并不被认为是学习过程中的一个环节，它获得了新的名字。随着这一动作被广泛使用，它获得了更合适的名字：升力线操纵装置（LMD）。

在"基本动作教学系统"中，没有犁式动作，直接进入平行滑雪动作。不过，还是有许多深度滑雪爱好者深受犁式动作困扰。本章帮助你摆脱它，基本动作能让你脱离犁式动作。

犁式动作让滑雪者始终使用互为反向的倾斜：两支雪板相互"打架"，双脚同时向大脚趾方向倾斜。基本动作教会你使用雪板的四个边缘。首先要做的是建立平衡和"支撑脚"，这是打破犁式动作的关键。

许多传统的滑雪者依旧认为犁式动作是无法摆脱的。请相信你自己和新式雪板，远离麻烦的传统方法。新式设备和基本动作让你具备优势。

掌握了平行动作，就不用去纠正错误动作。在学习平行动作的过程中，会不可避免地接触犁式转弯，或是半犁式动作；不过，这些并不是目标。注意这些结果，它们是学习过程的一部分。你要尽力完成准确的动作。为以前的学习方法寻找替代，会让你在学习新动作时感到疑惑。但请注意，基本动作都很简单，这样就能避免疑惑了。

3-1 自由脚动作

图 3-1　使用稳定的站姿，来练习自由脚动作

动作介绍

侧身站在山坡上，拆掉山下板，仅保留山上板。在本练习中，下方脚是支撑脚，上方脚是自由脚。因为支撑脚没有雪板，它就是固定平台。用支撑脚稳定身体，用雪杖辅助平衡。向山坡的上方和下方移动自由雪板的后部，在自由脚向支撑脚靠近的过程中，逐渐向小脚趾一侧倾斜。

动作细节（图3-1）

a：将支撑脚牢牢踩在地面上，用它保持平衡。将自由雪板的后方或尾部向山坡上方移动。保持雪板前方的位置。

b到d：自由脚轻轻滑过地面，向支撑脚靠拢。在雪板接近支撑脚的过程中，让自由脚向小脚趾一侧倾斜。体验小脚趾一侧接触地面的感觉。

e：当雪板到达平行位置后，双脚几乎并拢，让自由脚向小脚趾一侧倾斜。

总结

重复动作数次，交换雪板和方向，熟悉两侧的动作。用支撑脚保持平衡，让自由脚轻触地面，在雪板接近支撑腿的过程中，增加向小脚趾倾斜的动作幅度。激活你脚上负责向内侧倾斜的肌肉，让自由脚平放并向小脚趾一侧倾斜。完全熟悉这种感觉。当你做这个动作滑雪时，自由脚会向支

d   e

撑脚方向变换。现在，你可以用专家级别的动作，完成平衡动作。

动作要点

· 用支撑脚保持平衡。

· 将自由脚从大脚趾的一侧向小脚趾一侧倾斜。

· 让自由脚靠近支撑脚。

3-2 从静止犁式到自由脚靠拢

使用基本动作，你就能体会到保持平衡的动作。

使用自由脚的能力，取决于支撑脚的站姿和平衡。在上一个练习中，我们完全关注自由脚，因为支撑脚穿着雪靴，可以利用雪靴的稳定和摩擦力保持平衡。在这里，你必须考虑更多因素。支撑脚也要穿上雪板，这就增加了新的挑战：它会向下、向前或向后滑动。

本练习与练习2-5近似。不过，你要做的不是让自由脚倾斜，而是让它靠近支撑脚。使用在第二章中学到的支撑脚倾斜动作来建立平衡，试着感受支撑脚的大脚趾一侧或内侧的压力，这表明你的板刃接触地面。通过感受支撑脚的变化，用小幅度动作来调节平衡。身体的动作会根据支撑脚进行调整，保持平衡。

多数教学系统都在指导如何形成姿势，而不是如何通过动作去保持平衡。例如，"向下方移动肩膀""向小木屋倾斜上半身"，这些方法的目的是形成姿势，并不能帮助滑雪者建立平衡。他们忽视了一个问题：不平衡，才是错误动作的成因。

动作介绍

找一处稍微倾斜的坡面，站在靠近底部的地方，保证站姿与滚落线呈90°。用雪杖支撑身体，让支撑脚牢固地倾斜接触地面。抬起自由脚，只用支撑脚站立。舒适地保持身体平衡。保持两侧雪板的前端对齐，让自由脚雪板的尾部向山坡上方移动。从这一犁式动作开始，让自由脚放平，向支撑脚移动。

动作细节（图3-2）

a：抬起自由脚，让自由脚雪板的尾部向上方倾斜，形成犁式动作。用支撑脚稳定站立。使用雪杖来保持平衡。

b：保持支撑腿稳定，并用支撑脚维持身体平衡。让自由脚平放在地面上，脚跟向支撑脚的脚跟移动。

c和d：在自由脚向支撑脚移动的过程中，让自由脚的雪板向小脚趾一侧倾斜，用雪板的这一侧划过地面；而雪板的底部朝向支撑脚。

e：现在，两侧雪板保持相对地面的同一角度和平行。在动作结束时，雪板必须保持同一角度。

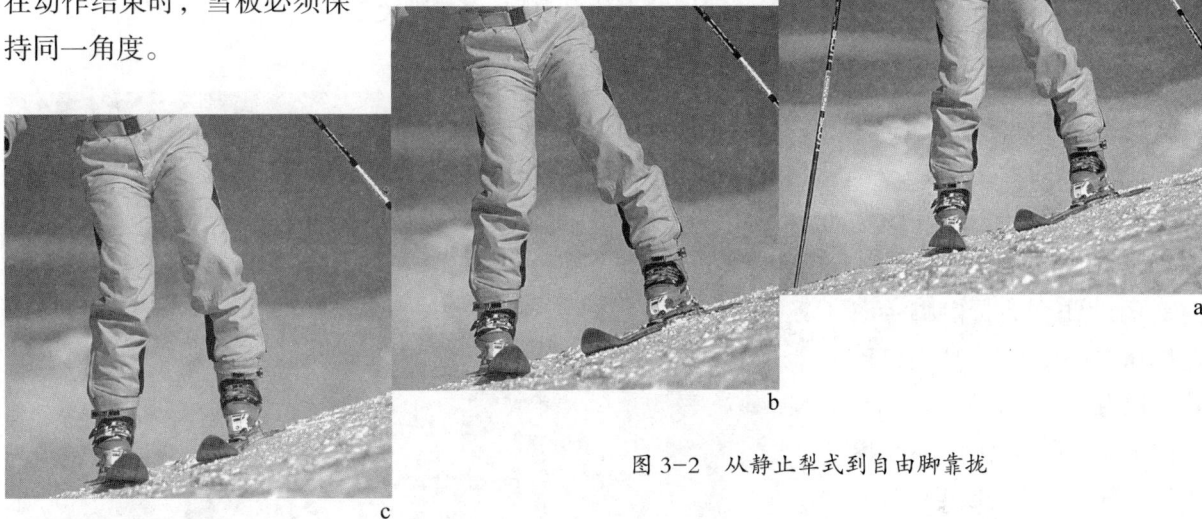

图 3-2　从静止犁式到自由脚靠拢

总结

经过反复练习，如果你必须经过调整，才能让雪板保持同一角度，那么就需要检查身体的协调性，消除错误动作。当雪板到达最终位置后，让自由脚承担部分体重，最终形成两脚分担体重的姿势。协调性问题可能会在动作的最初阶段就显露出来。我们相信，这是我们教学系统的优点，越是早解决协调性问题，进步就越快。

舒适与进步决定了学习进度与练习速度。具有滑冰、轮滑和舞蹈基础的人，会发现这一练习相对容易，能够快速领会。其他人也许需要更长时间去改进动作，适应单脚平衡。找到你自己的节奏，先自信掌握了每个练习动作，再去接触下一个练习。如果你参加课程，就要向教练说明你的水平，如果教练的进度太快，你就需要多争取些时间训练。

动作要点

· 用支撑脚保持平衡。

· 将犁式动作的自由脚移动至平行位置。

3-3 从滑动犁式到放松靠拢

乍一眼看去，本练习中的照片与本章其他练习中的照片没有太大区别。如果细看，你会发现，在能力要求方面有明显不同。随着练习水平的提高，试试看多久才能达到平行滑雪。

这些基本动作，与前面章节中的类似，区别在于你在完成动作的同时要向前移动。比起能力，运动的轨迹不那么重要。在这里，你要使用基本的自由脚–支撑脚关系。

动作介绍

使用第二章练习2-7中侧身站在斜坡上的姿势，稍微向下和前方运动。像在3-2练习中一样，用支撑脚保持平衡。然后把自由脚雪板的后方向山坡上方移动。你可以从犁式动作开始练习。向前的动作会为自由脚（图3-3中的右脚）带来拉力，用这一拉力，让雪板向支撑脚的方向运动。在自由脚靠近支撑脚的过程中，你会发现姿势雪板的方向发生改变，开始指向上方。这种方向改变会让你逐渐停下。这时，你会让雪板的前端重新对准下方，才能继续下一个动作。

d

e

细节（图3-3）

a和b：图中姿势，要求在前进的同时，将自由雪板（左边雪板）的后部指向上坡方向。

b：在两侧雪板呈V形的时候继续移动，放松自由脚的腿部肌肉，让雪地与雪板之间的拉力，引导自由脚向支撑脚运动。

c和d：通过让自由脚始终保持在上方，你可以减缓双脚并拢的速度。理想的做法是，通过让自由脚的脚跟向支撑脚移动，缩小双脚之间的距离。

d和e：当两侧雪板平行后，继续使用自由脚的拉近与倾斜动作，将自由脚向小脚趾一侧倾斜。

图3-3 从滑动犁式到幻影移动（阴影表示支撑脚的一侧）

e：抬起自由脚，让它靠近支撑脚。自由脚的动作会导致支撑脚的雪板指向上坡，形成转弯。

总结

在转弯时，支撑脚雪板划过地面，或是用侧面接触雪地，用脚和脚踝调整平衡。放松支撑脚和脚踝。雪板与地面平行了吗？现在用支撑脚感受姿势雪板的反应。理想状态是，运动轨迹与地面呈45°。抬起自由脚，会使姿势雪板更加倾斜接触地面，增强转弯能力。允许自由脚在靠近支撑脚的过程中划过地面，会增加转弯弧度，是理想的选择。尝试这两种方法。只有在宽阔的坡面上，才能重复进行这种开合动作练习。

本练习不需要费太多力。只要你能通过支撑脚保持身体平衡，雪板的设计能够完成剩余工作。很快，你就能将平衡能力与自由脚的动作结合起来，实现平行滑雪了。

动作要点

·用移动的支撑脚保持平衡。
·让自由雪板平稳接地，然后向小脚趾一侧倾斜。
·让自由雪板靠近支撑脚。

3-4 从犁式动作到幻影移动

幻影动作：支撑脚与自由脚一起转弯

现在，你可以进一步改进你学过的动作了。这就是基本动作教学系统的精华。因为有了"从上一个动作开始"的逻辑，所以没有太过繁杂的任务。现在，你可以在已学动作的基础上稍加发挥。在下降时，更快速地抬起自由脚，让它更快和更大幅度地靠近支撑脚。在脚靠近的过程中，你可以用小幅度的点地和走步动作，用三个独立的动作，抬起自由雪板的后部，让它向支撑脚靠近。每次让自由脚雪板的小脚趾一侧接触地面。接触动作要轻，而不是用力踩。

本练习的目标是让自由脚的倾斜更加迅速。自由脚早期抬起和倾斜，被称为幻影移动。当完成正确动作时，应当是顺畅和渐进的，并且没有明显痕迹，如同它的名字一般。注意这个练习，以及对幻影动作的附加说明。通过图3-4c动作实现平行滑雪，图3-4中d~f，可看出

自由脚的大幅度倾斜。

所有活动从自由脚开始。支撑脚以上的骨盆和上半身动作随之运动，完成自由雪板的转向。如果动作的起始位置太

高，就无法完成动作和保持平衡。

如果能以双脚水平姿势开始，肌肉运动和滑雪能力的效率是最高的。脚的感觉会告诉我们雪板的状况及如何调整。于是，对脚的关注就是精确控制的前提。

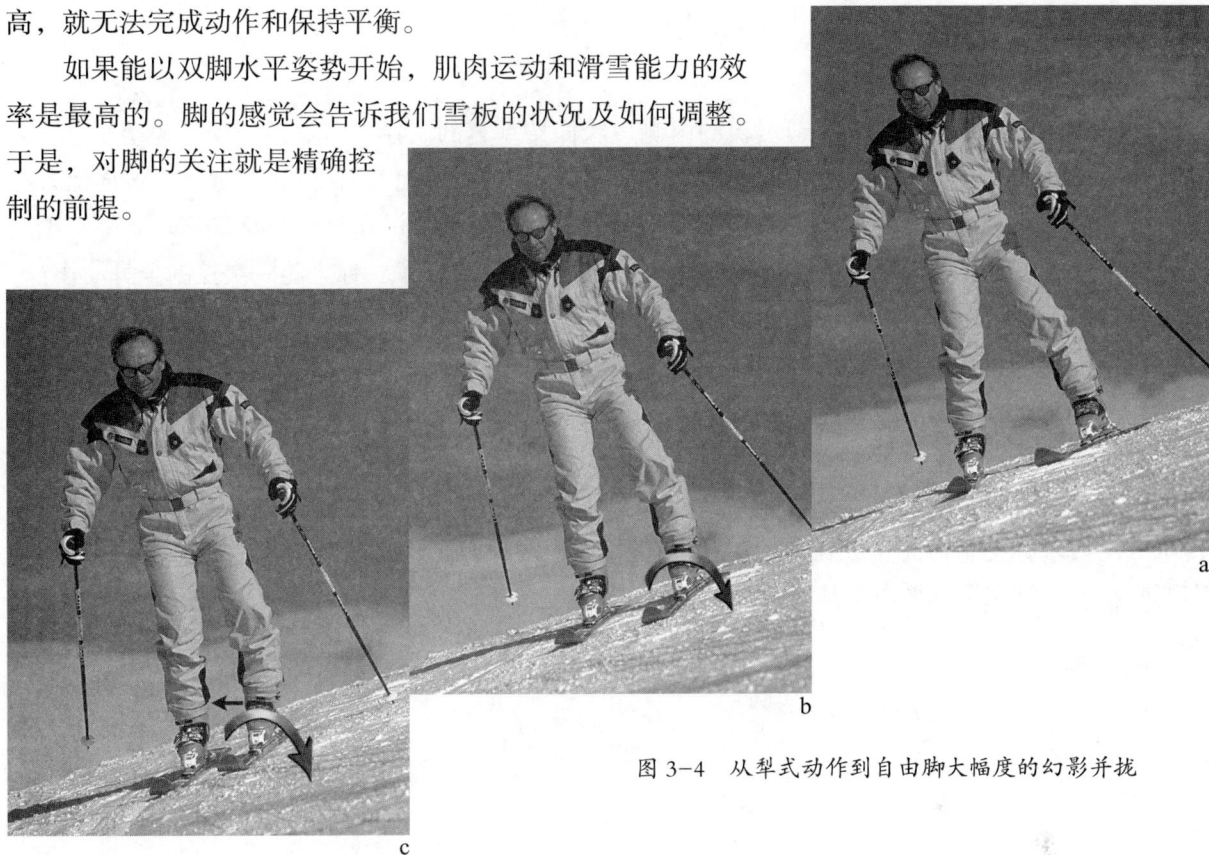

图 3-4　从犁式动作到自由脚大幅度的幻影并拢

动作介绍

从犁式动作开始，让自由脚靠近支撑脚，达到平行位置，完成转弯。

动作细节（图3-4）

a：从犁式动作开始，用支撑脚掌握平衡。

b：在雪板划过雪面时，将自由脚向小脚趾一侧倾斜。

c：不能被动，保持自由脚像小脚趾一侧的倾斜状态，并让它靠近支撑脚。当双脚靠近时，倾斜动作会越来越容易。

d：增加自由脚倾斜的幅度，让倾斜幅度大于向支撑脚靠近的幅度。

e：现在不要停止！保持自由脚离开地面，让自由脚的脚后跟向支撑脚的脚后跟靠拢，继续倾斜自由脚。注意雪板转向。

f：雪板的转向并不需要施加力量。这就是幻影移动。

总结

注意我的腰带扣是如何与姿势雪板的内侧边缘保持垂直的。在自由脚还处在犁式动作时就是这样。强调倾斜，会导致自由脚的雪板比支撑脚更向上方倾斜。我的自由腿的膝盖也偏向上方了吗？这只能是主动倾斜自由脚的后果。不要去迷信关注膝盖动作的指导。我从未感觉到板刃随膝盖运动。在滑雪时，我不可能关注身体的每个部位，这样太分心了。你怎能一次控制全身动作？

保持简约"将注意力集中在脚上"

我们按照以下步骤来讨论雪板的作用。新型雪板的帮助是巨大的。虽然我根据"抛物线"雪板来写基本动作，但是它对传统雪板同样适用，"抛物线"雪板只是让它更加容易学习。为了在低速度下，通过基本动作教学系统获得成功，请使用"抛物线"雪板。

对那些痴迷滑雪技术的读者，请注意支撑脚是不活动的。这与其他教学方法存在明显差别。传统方法要求你把精力完全放在转弯、旋转和控制与支撑脚同侧的腿上。旋转会打破平衡，因此需要倾斜自由脚来保持平衡。基础动作教学系统能够建立和保持平衡。

动作要点

·使用自由脚让支撑脚雪板转弯。

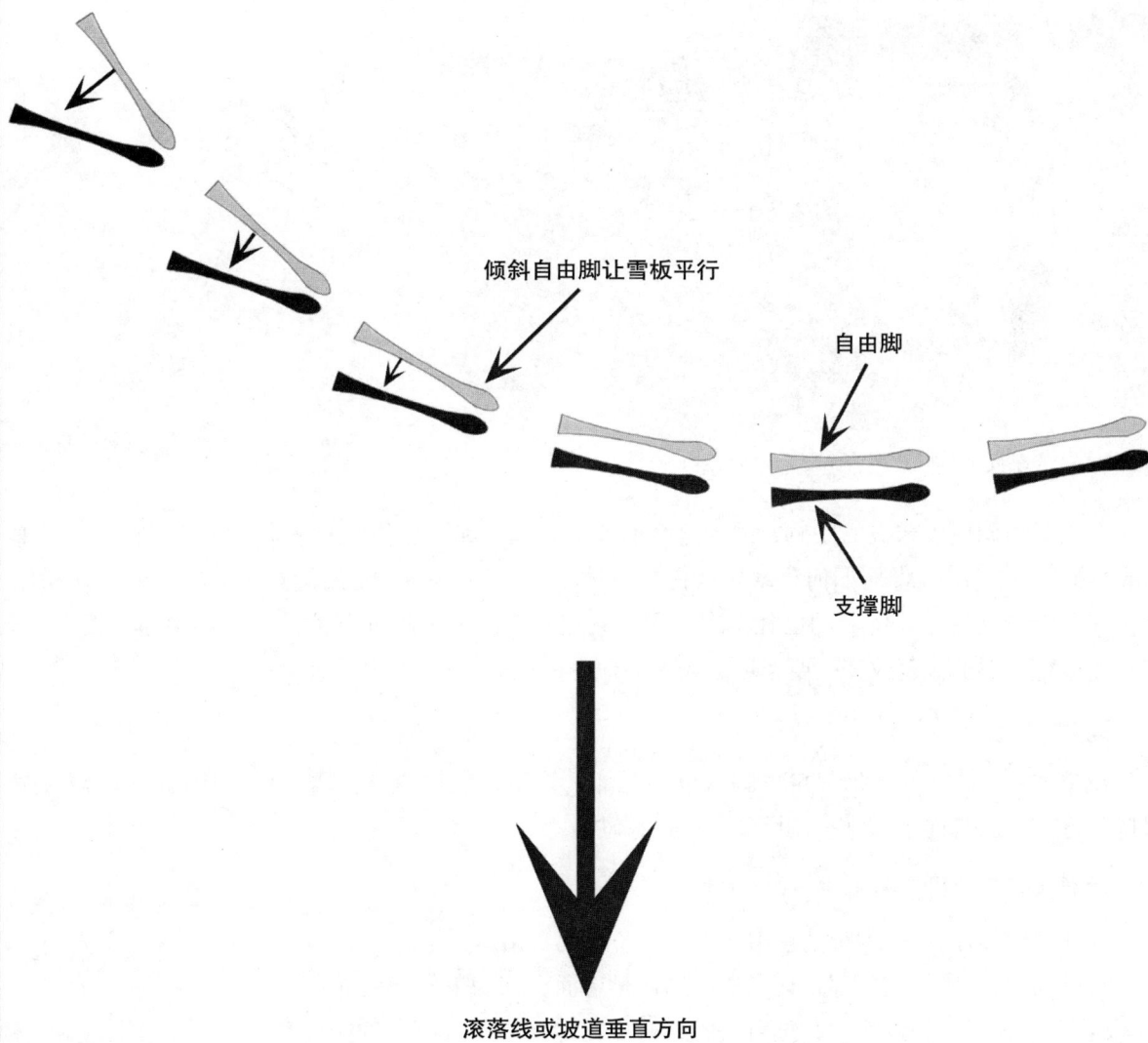

从犁式动作到幻影
移动的脚的动作

倾斜自由脚让雪板平行

自由脚

支撑脚

滚落线或坡道垂直方向

3-5　从犁式动作到幻影靠拢，自由脚抬起

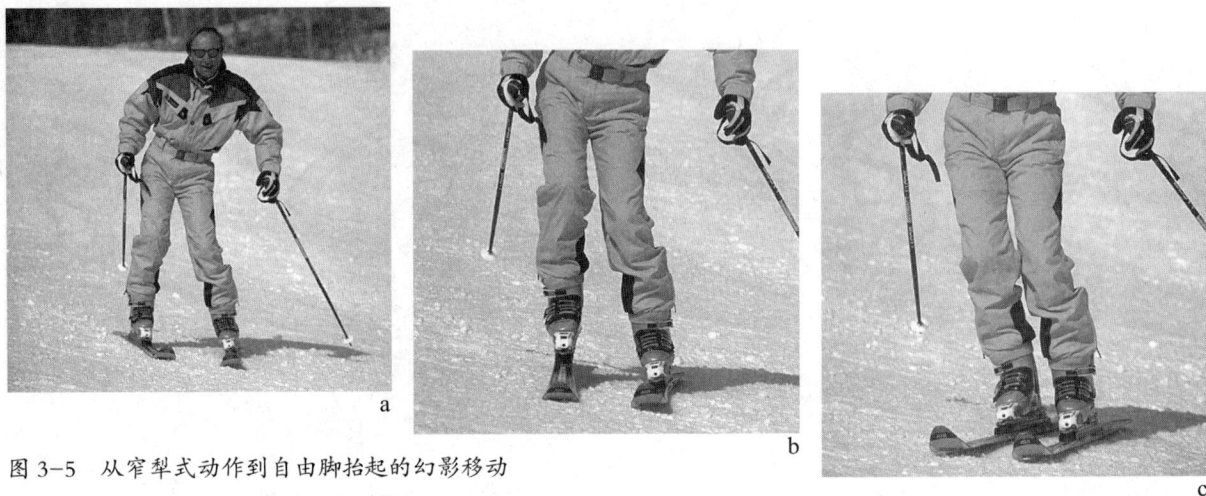

图 3-5　从窄犁式动作到自由脚抬起的幻影移动

本练习强调使用雪板的一侧，因为这会引起身体调整和有意为之的平衡改变。如图a与b所示，在支撑脚上方，练习腹部如何移动才能保持身体平衡。这一练习能强化支撑脚的单侧落地动作。在今天，继续使用这一练习的已经不多见了，它起源于早期的奥地利流派，大幅抬起雪板，会立即导致边缘倾斜的显著改变。要在坡度较大的地方采用这一技术。

动作介绍

在犁式V形动作下，抬起自由脚雪板的尾部，将平衡切换至支撑脚一侧，让自由脚与支撑脚保持平行，自由脚向小脚趾一侧倾斜（幻影移动）。

动作细节（图3-5）

a：用窄犁式动作，侧身站在山坡上。准备抬起自由脚。

b：抬起自由雪板的尾部，让它的前端接触地面，作为平衡和引导。

c：在双腿靠近的过程中，把自由脚暂时放在地面上。继续它的倾斜动作，并让自由雪板大幅度靠近支撑脚。

d：抬起自由雪板的后部，让它的前端接触地面，收紧弯道。让自由脚靠近姿势雪板。

e：用支撑脚保持平衡，完成本练习。

总结

站姿的间距对单脚平衡的成败影响显著。注意a和b中上半身离开支撑脚的幅度。当双脚间距较大时，上半身的动作幅度也比较大，这样才能在抬起自由脚的同时，使用支撑脚保持身体平衡。不同宽度站姿下的平衡动作对比。a展示了在仅用支撑脚站立时，身体如何准备保持平衡。当自由脚向支撑脚靠近时，双脚间距减小，保持单脚平衡所需的身体动作幅度也比较小。缩小双脚间距，让动作转换更为流畅，并保持平衡。

动作要点

· 完全用支撑脚站立。
· 大幅度调整自由脚动作，达到平行位置。

3-6 雪地上的幻影移动

图 3-6　从犁式动作到幻影移动的顺序，自由脚在雪地上

现在，你需要凭借过去学过的动作，完成幻影移动。它在动作系统中的作用会越来越重要，你会感觉到它的力量。幻影移动增强控制感，并影响转弯半径。本练习展示了摆脱犁式动作、永久掌握平行滑雪可以是一件多么轻松的事。通过支撑脚保持平衡，用自由脚控制支撑脚雪板，会导致雪板在地上做弧形旋转。使用幻影移动，新式的"抛物线"雪板会自行转向。不要通过扭转支撑脚来阻碍雪板转向。注意，在本章的练习中，支撑腿保持稳定，不参与动作。有意的动作都是通过自由脚的幻影移动来实现的。当滑雪者使用基本动作时，多数旁观者很难察觉他的转弯动作。观察滑雪高手，你会发现，他们流畅和毫不费力的转弯动作是难以描述的。他们通过像幻影移动这样的脚的微妙移动，引导转向，减少了能量和力气的消耗。

动作介绍
在转弯的早期，通过倾斜自由脚雪板来变换方向。尽快缩小两脚间距，用支撑脚保持平衡。

动作细节（图3-6）
a：侧身从坡上开始动作。但是，要比以往的练习更加接近滚落线。

b：开始抬起自由脚，保持自由雪板的前端在地面，稍微抬起后部。放平自由脚，让它向支撑脚靠近。

c：当雪板处于平行位置，支撑脚承担全部平衡后，继续保持倾斜动作。自由脚看似踩在地上，但是并不承担任何体重。让它足够接近地面，感受到它的边缘接触地面。

d至e：通过自由脚的倾斜动作去控制支撑脚雪板。增加自由脚的倾斜动作，保持弧线。

总结
注意，从图3-6c~e的过程中，膝盖的间距是固定的。这是自由脚倾斜的产物，自由脚之外的动作，会导致两支雪板分散。练习自由脚动作，让小脚趾一侧更熟悉雪板。

注意手的位置。在图3-6的每幅图片中，手的位置都是不变的。这说明转弯不是由于手和脚的转动产生的，而是由自由脚引导雪板完成的。即使在低速下，雪板也会拐弯。不要尝试弯曲脚和腿，因为支撑腿的弯曲会抑制转弯，并且导致不稳定的侧滑。

动作要点
·让雪板处于平行位置，用幻影动作完成转弯。

坡道下降角度

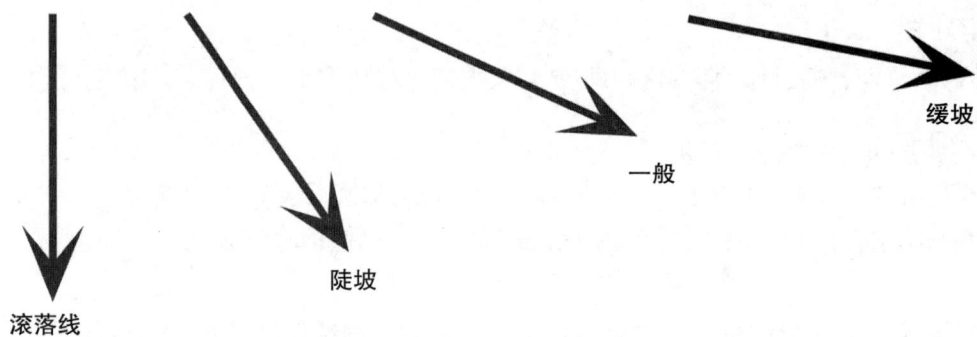

滚落线

陡坡

一般

缓坡

滚落线或坡道垂直方向

第四章 释放

　　释放动作是基本动作教学系统中用于练习平行转弯的动作。第三章讲述了如何避免犁式动作，现在，我们必须保证，当进入一个新的弯道时，它不会再次出现。对多数滑雪者来说，避免拐弯初期的犁式动作是非常困难的。雪板后部最容易碰撞的场合，是离开上一个弯道和进入下一个弯道之间的平行转弯时。犁式转弯最好的结局就是以犁式动作启动转弯，这可不是被卡住的时候。平行滑雪是完全不同的体验，它显示了滑雪运动中的冒险元素。

　　通过脚的动作产生的熟练转弯技术，能帮助打破"犁式进入"的坏习惯。在平行进入弯道时，双脚同时移动，但是动作不同。"同时"意味着同一时刻，而不是同一动作。释放动作是双腿的不同肌肉向不同方向产生的，从脚开始做动作。脚与脚踝和雪靴相连，引起腿和身体的移动，这就是动作链。脚底产生感觉，大脑产生对动作的记忆，这就是学习滑雪动作的过程。传统教授方法强调膝盖动作，但是膝盖不能产生对滑雪动作的精确反馈。只有脚才能有真实的感觉，动作始于双脚，他们具有微调和控制的能力。因此，请从脚开始做动作。如果你把脚作为动作的起始点，双腿同时移动就会变得简单。

　　第一章中的入门动作是本章中动作的基础。如果你能认真进行这些练习，释放动作学起来就会简单一些。释放动作是从脚开始的水平动作，将脚对地面的压力从一侧转移到另一侧，我们可以轻松倾斜雪板。熟练的脚部动作能增强腿和上半身的平衡。

　　最初，必须集中精力才能学会脚的动作方法。试试这个方法：穿上鞋袜坐在椅子上，不要看脚，立即按照下面的指导完成动作，让左脚向小脚趾一侧倾斜，让右脚向大脚趾一侧倾斜，不要看，用脚底的感觉去让双脚处于同样的倾斜方向。注意此时腿的动作（动作传导）是脚的动作带来的。脚倾斜的练习证明了脚的动作控制腿的动作。如果想在雪地上穿着雪靴完成同样的练习，就要让双脚在同时释放，并保持平行姿势。现在，我们来进行滑雪练习。

滚落线

"滚落线"一词贯穿本书，它是斜坡的最陡方向。沿着滚落线，重力的作用最大。当然，重力是常量，坡度越大，就有越多的重力让你向下方运动。

下页进入动作过程

4-1 从释放到侧滑

释放动作与侧滑紧密相关。在过去的50年里，侧滑一直是滑雪教学中的一部分，它是用来向滑雪者们解释如何使用板刃。在这种情况下，练习侧滑是进入转弯动作的基础。初学者应当逐渐完成脚朝向山坡的倾斜动作，然后再尝试完全释放。注意雪板从边缘到底部接触雪地，以及滑行时的角度变化。当雪板底部触地，可以滑行时，就可以享受乐趣了。

动作介绍

从静止姿势开始，练习前后倾斜，再完全放平雪板，练习动作。让脚用渐进的水平动作放平雪板。放平动作会使雪板和它们的前端沿着坡道垂直向下运动。继续脚踝和脚的转动、倾斜或是上下移动，放平雪板。

动作细节（图4-1）

a：双脚平均负担体重，开始旋转支撑脚（滑雪者的左脚）从水平转向小脚趾一侧并触地。自由脚随后启动动作。在开始侧滑前，让双脚回到它们的边缘触地状态。重复动作，直到能够控制脚的水平动作。

b：现在，用连续和渐进的动作将两支雪板慢慢平放在地面上。支撑脚比自由脚略微提前完成。在让板刃接触地面的过程中，将雪板移动几米。调整雪板，准备开始下一次练习。

总结

通过雪板与雪地的互动，感受抓地与滑动的转换。这有助于你完成流畅的释放动作，并保持平衡。突然的身体移动会导致雪板发生预料之外的移动，后果不堪设想。底线就是不要突然移动雪板。

在移动时，保持板刃的角度。在你放平雪板的过程中，它的前端会向坡道方向倾斜，这正是想要的结果。雪板前端放平时，你可能会继续在斜坡上水平运动，当雪板开始向前移动时，请顺势而为。保持耐心，使用上一章中学到的幻影移动来减速，然后转身回到坡道上方。

动作要点

· 放平双脚，释放。
· 以倾斜姿势为基础，转动雪板。
· 让雪板随着释放动作运动。

图 4-1 从释放到侧滑

4-2 在简单初级坡道上释放

图 4-2 在简单初级坡道上释放

本练习是训练双脚放平动作，满足完成平行滑雪需要的下一个步骤。使用这一技术的舒适度和能力将决定平行转弯的准备状态。

在"释放"章节中的训练，决定了前1/3的转弯，每一步都更接近在下一个弯道的全面释放。高级释放动作包括平衡和支撑脚的改变，以及解锁从一个拐弯到下一个拐弯的平行连接。

动作介绍

在进行上一个练习时完成释放动作。不过，当雪板沿着下坡方向向前移动时，用放平脚的动作，向前方移动至少5英尺（约1.5米），然后再抬起雪板的前部。回到放平动作，将前进与放平动作结合。用幻影移动来让雪板回到坡地，减速并停下。

动作细节（图4-2）

a：侧身站在斜坡上，双脚保持平衡。双手在前方和身体侧面，保持上半身稳定。

c

d

b：双脚开始放平，让支撑脚引导动作。稍微减轻支撑脚的负担，让它向小脚趾一侧倾斜，并放平它。继续放平双脚，直到雪板沿着坡道滑行。

c：让雪板在雪地上平稳滑行，保持双脚姿势稳定。

d：在下坡的时候，用幻影移动，开始让雪板向边缘一侧倾斜。减轻自由脚的负担，让自由脚雪板向它的小脚趾一侧倾斜（图4-2的d中滑雪者的右脚）。回到坡道的起始点，减速和停止。

总结

在与雪板一起运动前，你会感到打滑和一点失控。控制移动中的雪板最好的方法就是使用脚和脚踝的精确水平方向动作。

两支雪板应当同时移动。比起自由脚，支撑脚稍早开始进行朝向小脚趾一侧的释放动作。释放支撑脚的动作包括减少大脚趾一侧的受力，增加小脚趾一侧的受力。在转换过程中，减轻支撑脚的负担。在随后的练习中，这个时候还需抬起支撑脚。让它离开雪地，可以减少板刃的磕碰。

在移动时，保持身体处于雪板的正上方。稍微弯曲脚踝和膝盖，以保持身体在雪板上方正中部的位置。小腿接触雪靴的前方，但是不要仅靠它作为支撑。

当你放平雪板时，如果总是卡在自由脚的大脚趾一侧，就要减少放平的角度，或是停止放平。X型腿的人比较容易遇到这种情况，O型腿的人放平姿势腿更容易一些。他们的姿势腿本来就容易平行落地，因此需要足够大的内收力量（挤压支撑腿的膝盖朝向坡面）才能让板刃接地。O型腿的人经常抱怨膝盖疼痛，是因为经常用力让膝盖朝向坡面，来完成关于板刃的动作。这是分析动作的传统方式。滑雪时的许多困境是姿势错误的后果。如果姿势不对，教练就只能使用适应性方法。几乎发生姿势错误的滑雪者都学会了适应性滑雪。如果提供姿势培训，使用以生物力学为基础的教学系统，适应性动作就不会出现在滑雪中。

动作要点

- 放平两支雪板，支撑脚的动作稍微提前。
- 当雪板开始滑行时，保持边缘的角度。
- 用幻影移动让雪板回到坡道上。

55

全面释放时的脚部动作

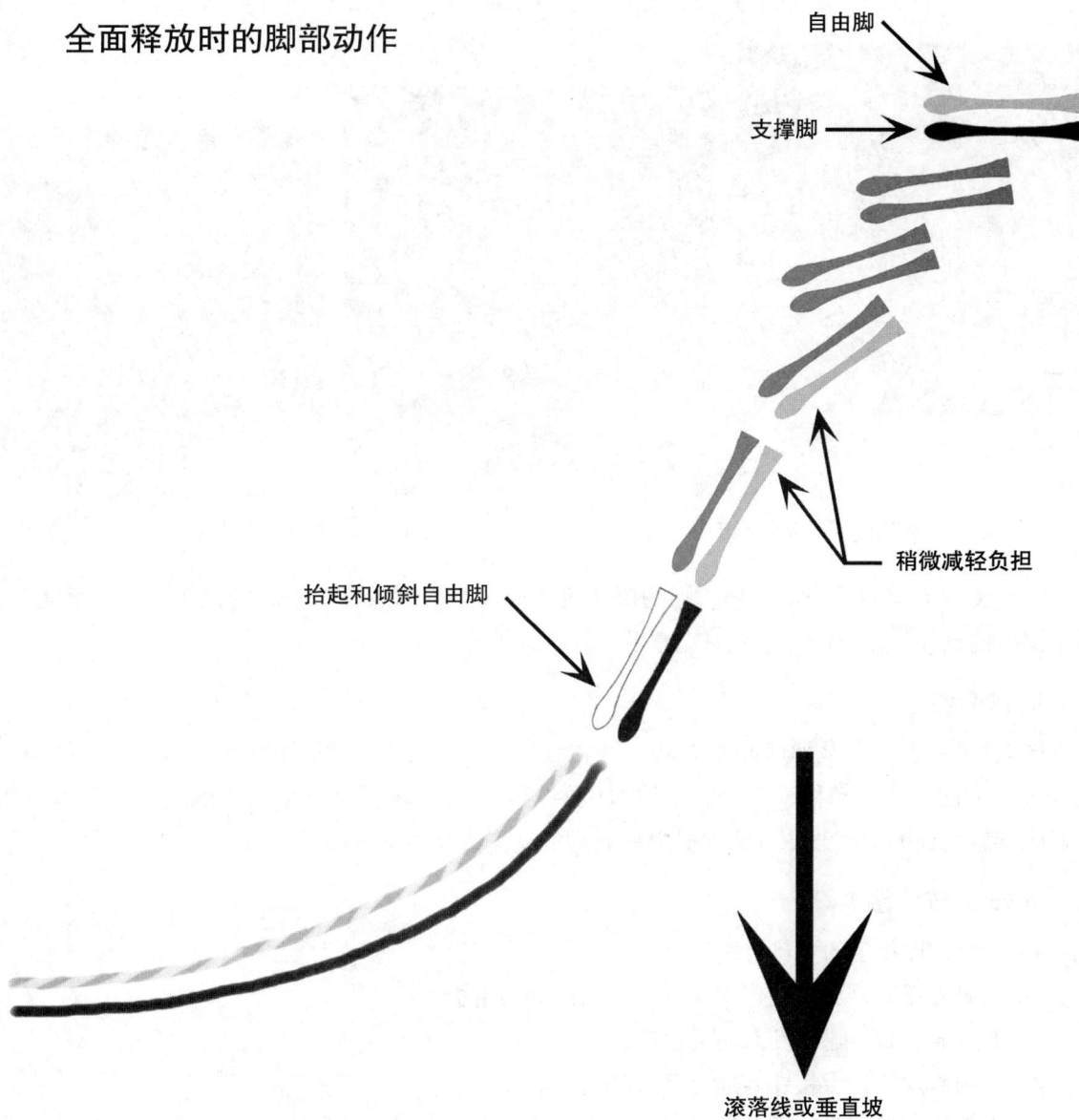

自由脚

支撑脚

稍微减轻负担

抬起和倾斜自由脚

滚落线或垂直坡

4-3 在整个初级坡道上完全释放

图 4-3 在整个初级坡道上完全释放

改变滑雪方向的动作源自脚。脚的旋转将雪板放平，腿随着雪板的偏转达到一个角度，身体再根据腿的动作做出反应，这就是完整的动作链条。

动作介绍

图4-3展示了雪板是如何改变方向，从在坡道上平行移动，变为沿着坡道向下滑行的。在这里，导致方向改变的动作，与上一个练习中的相同。保持雪板平行移动，如同单板滑雪时那样。当双脚接触地面的角度改变时，类似用一只脚的动作带动另一只脚。

动作细节（图4-3）

a：从舒适而稳定的姿势开始。

b：双脚慢慢开始放平动作，准备好站在滑动的雪板上。

c：双脚放平时，腿部发力向下运动。

d：放松脚踝，让雪板在雪地上滑行和转弯。

e：当雪板前端沿着坡道向下滑行时，为了减轻支撑脚的负担，让它向小脚趾一侧倾斜。

f：如果准备好进入下一个弯道，抬起支撑脚。如果身体无法保持平衡，使用幻影移动，让雪板边缘接触地面，回到坡道。

总结

使用允许共同收缩的合适尺寸的滑雪靴和鞋垫，可以放松脚踝（请阅读第12章"调整"中关于共同收缩的部分）。通过这组照片可以看出，我能保持正确姿势。在整个动作过程中，我的双腿间距没有变化。雪板与地面的角度也保持一致。在本章的每个动作和练习中，学员的装备都要经过检查，以保证不会影响练习过程。不合适的滑雪靴、尺寸和鞋垫，会影响渐进的同步释放动作。

动作要点

·逐渐放平雪板。

·减轻支撑脚的雪板尾部的负担，练习平衡转换。

4-4　在简单中级坡道上完全释放

图4-4　在简单中级坡道上完全释放

　　你也许会发现，在陡坡上更容易释放，因为重力牵引雪板滑行。在陡坡上，在雪板滑行的同时，边缘也更容易保持较大的地面接触角度。注意在这组照片中，释放动作更为明显。在图4-4的d中，雪板已经指向了坡道下方。通过练习，习惯释放动作后，保持平衡和控制，让雪板在雪地上滑行，会更为简单和安全。

动作介绍

　　放平双脚，让雪板前端指向斜坡下方。在坡道上，让板刃以更大角度接触地面，减轻支撑脚的负担，练习平衡转换。

动作细节（图4-4）

　　a：从舒适稳定的姿势开始。

　　b：慢慢开始放平脚的动作，准备好跟随滑行的雪板运动。

　　c：当姿势雪板放平后，减轻它尾部的负担，在保持板刃与地面角度一致的同时，移动雪板。

　　d：让减轻负担的支撑脚向小脚趾一侧倾斜，让山上板沿着坡道向下滑行。

e：继续减轻支撑脚的负担直到让它离开地面，或是让它踩在地上，这取决于你。如果你打算继续释放动作，进入新的方向，就要完成完整的平衡转移。当完成转移，用山上板站立时（新的支撑脚，图4-4的e中滑雪者的右脚），就要继续倾斜自由脚，让支撑脚通过弯道。当需要结束在坡道上的陡坡和不进入新的弯道时，抬起位置较高的自由脚，让它向小脚趾一侧倾斜。

d

e

注意

脚的移动产生脚踝的控制。尽管在穿着合适的雪靴时，脚的动作幅度并不大。但是脚若有动作，脚踝也会联动，当脚踝的骨骼挤压雪地靴的内衬时，就会对雪靴的侧面产生压力，导致雪靴的倾斜。脚踝不向四周倾斜时，脚就不会对雪靴侧面产生压力。这时，双脚舒适放松，通过保持脚的位置就可以维持平衡。脚保持独立稳定，就会感觉到是在雪地上放平雪板滑雪。首尾宽阔的"抛物线"雪板，让倾斜动作变得更容易控制。这种雪板减少了边缘的过度偏转，对微小的倾斜失误不那么灵敏，让学习者有更多的时间从脚的不连贯和粗心失误中调整恢复。

动作要点

·抬起自由脚的后部，练习完整的平衡转换。

4-5 在整个中级道上完全释放

图 4-5　在整个中级道上完全释放

在使用上半身时，并不要求放平雪板和改变方向。此处展示的上身动作变化，是从脚开始的放平动作的产物。

动作细节（图4-5）

a至e：一系列顺畅和渐进的放平雪板动作，两支雪板的前端下降，略微向前移动。在放平支撑脚时，让雪板向小脚趾一侧倾斜；同时，自由脚雪板向大脚趾一侧降低。

总结

在许多情况下，学习滑雪的人害怕放平雪板，因为在这一过程中会产生滑行和失控的感觉。如果我第一次在池塘里划独木舟，也会害怕。虽然我没划过独木舟，但是我能想到，一旦你开始倾斜和滑动，就很难停下。独木舟没有边沿。但是当滑雪者在雪板上保持静止时，他们能感受到控制，因为板刃可以牢固地固定在雪地上。通过练习，释放与重新固定雪板的位置，将会成为熟练的动作。

如果板刃固定在雪地上，就很难低速行进。随后，如果加快速度，要想控制雪板，就必须逐渐加大倾斜角度，尤其是在使用"抛物线"雪板时。通过正确而有效的动作，你很快就能控制雪板。减轻脚的负担，或是改变脚的倾斜角度之类的小幅度动作，会影响雪板的受力。只需要施加极小的作用力，雪板就可以完成大幅度移动。如何界定"小幅度"？当你尝试这些动作时，如果雪板的移动超过你的预料，或者吓到你，那么动作幅度就不能说"小"了。这就像斟酒，慢慢倒，才能不让酒洒出。用耐心，一点点地把酒倒进酒杯，才是享受。

动作要点

·放平脚和调整雪板，改进水平动作。

4-6 犁式花环

本练习将所有关于转弯的基本动作结合，达到初级水平。可以通过第二章中的练习2-7和练习2-8中的起始脚步动作完成，也可以通过本章中介绍的释放动作完成。图片中展示的动作，仍旧需要优化调整。下面的例子将要展示的是，如果发现不利或是干扰过程的动作，该如何强调正确动作。

使用脚步或是释放动作来接触滑雪，就是使用直接平行滑雪技术。平行滑雪可以充分利用新型雪板的设计以及精准生物力学。在这一滑雪水平上，方法和经验都会起到作用。继续练习准确的脚部倾斜和抬升动作，可以形成在初级水平之上，达到高级或专家级滑雪者的熟练程度。

在幻影移动中介绍过的改变平衡的技能，在这些练习中被再次强调。相连的弯道，要求自由脚从进入弯道开始就做出动作。以幻影移动为重点，改善花环练习。花环让你将第二章至四章中的动作连贯起来，让你能够滑雪下山。它还能带来真实的滑雪感受。在此展示的花环练习，与真正的斜坡转弯类似。你不是在学习新动作，而是将练习过的动作结合起来。通过花环动作，可以进行不间断的滑雪练习，完成许多练习里程。我使用花环练习来教授大多数的动作，其中包括雪包技术。

动作介绍

在两支雪板的尖端指向下坡方向时，进行释放。使用幻影移动，让雪板回到坡面。

动作细节（图4-6）

a：在雪地上放平双脚，开始释放动作。

b：继续放平雪板，让它们向着滚落线移动。稍晚释放支撑脚（左脚），让它略微指向自由脚雪板。二者呈V形。放平自由脚，同样可以形成这一夹角。为了保持雪板平行，减少支撑脚的负担，让它以更大幅度向小脚趾一侧倾斜。

c：雪板的转向角度已经足够大，可以转弯回到坡道上。注意，这里还有一个很明显的犁式动作。展示者省略了图4-6中的c和d中，将平衡向新的支撑脚（右脚）转换。雪板的位置说明，滑雪者并没有进入平行滑雪的状态，或者在拐弯之间行进得并不顺畅。在此列出一些影响后续进程的动作。如果位于较高位置的自由脚，向大脚趾一侧倾斜太快，或是没有减轻支撑脚雪板承重，没有让它向小脚趾一侧倾斜适当的角度，都会产生犁式动作。滑雪者想继续左转（滑雪者的左侧），不过，他并没有使用左脚的幻影移动，而是主动地将新的支撑脚（右脚）转向左侧。如果他在图4-6的b~c的动作中抬起和倾斜左脚，就可以保持雪板平行并完成左转弯。

e：现在滑雪者回到了正确的轨迹。使用幻影移动，自由脚轻轻划过雪地。动作有些晚，但是仍旧有效。

f：结果非常明显。引起平行方向改变的动作，很可能就是幻影移动。继续抬起自由脚，此时保持它的轻盈，让它靠近支撑腿（请见第三章练习3-5）。

g：结果就是完成转弯。在此时，用本章中的动作再次开始释放。你可以反复进行练习，只要坡道上有空间，就能横穿过去。

图 4-6　犁式花环

总结

我们发现许多滑雪者在b到d之间的动作上出现问题。出于一系列原因，此处展示的花环练习非常重要。这一练习可以综合使用所有的基本动作要领来完成转弯。在进入幻影移动前，你可以让雪板的前端指向坡道。你可以练习逐渐接近坡道，或是在具备对动作的信心后，完成完整的转弯。

花环海拔弯道可以分解成若干容易练习的部分。释放只是左转弯的开始（在此例中），但是当转弯接近滚落线时，你可以停下，完成右转弯。

所有练习都应该按照两个方向完成。重点是逐渐让雪板在回到坡道前，直接对准坡道。例如，在图4-6中的c中，在向右行进前，试着放平雪板。

演示者省略的重要动作，现在已经很明显了，那就是平衡转换。从b~d，完成了支撑脚的完全转换。找一片特定的地域来练习。带有侧面坡道的长雪道是练习花环动作的理想场所。具有完美上山侧道的猫道可以练习释放动作。

动作要点

· 减轻支撑脚负重，转移平衡。

· 倾斜自由脚，改变方向。

· 切换自由脚，再次转移平衡。

· 抬起支撑脚，减轻它的负重，完成花环动作。

第五章　平行幻影移动

幻影移动是幻影转弯的前奏，而幻影转弯又是基本动作教学系统的中心。把幻影移动连起来，就有了幻影转弯。当你能用幻影移动完成一系列转弯时，你就是有成就的滑雪者了。基本动作教学系统的简单动作能让你熟练完成转弯。顶级的精英运动员同样使用幻影转弯。你可以在雪包、粉雪、碴雪、冰雪、立刃和比赛等场合使用，因为这些动作是建立在生物力学基础上的，同样可以适用于未来任何革新式滑雪用具。

体操、网球、高尔夫、垒球和武术等运动，都经过了长期的深入研究，都有基本动作。精习了基本动作，才能精通这些运动。在练习某项运动时，如果在每个阶段都要学习若干新动作，整个过程就会枯燥无趣。如果经常遇到死胡同，就会浪费大量时间、精力，让趣味性大打折扣。因此，我们在入门阶段先把基础打好，到后面就可以轻松一些。学习基本动作，要求勤奋和专注。一如其他需要努力才能达成的成就，有了坚实基础，才能尽善尽美。

简单和成功的体验，会见证这一教学系统的优势和精准。随着基本动作的深入学习，理解和自学的能力变得越来越突出。动作线索能强化你的滑雪动作和感觉，让动作变得自然流畅，成为第二本能。因为它们是成功的公式，你自学成才，不再需要旁人不断地看着你的肩膀，检查动作。并且可以根据对自身平衡的感觉，而不是旁人的看法建立起对动作正误的知觉。这会带来很大的成就感。

幻影移动将身体拆分为运动功能区。位置较低的一侧（腿、雪板和脚）负责产生平衡点，被称为支撑一侧；位置较高的一侧产生倾斜动作，就是自由一侧。根据这一理解，我们可以用容易理解的方式来决定和描述动作。对读者和热爱滑雪的人来说，清楚在转向时，哪只脚或者哪条腿产生动作、到什么程度，这样做能够简化学习。

　　本章中的练习进一步提高动作能力，通过让雪板更直接地对准坡道来增加难度。这些练习更为强调每只脚的单独使用。最后的能力提升来自在立刃转弯时，用精确的滑动和幅度更小的板刃移动，完成更大幅度的雪板动作。

5-1　从侧滑到幻影移动

　　目标是从保持两支雪板平行的释放开始，完成幻影移动。重点在于转弯时，保持立刃下半段轨迹要清晰完整。我们在前述章节中建立的动作，重点是在转弯的前1/3时完成。

动作介绍

　　放平两支雪板，让它们前移，并且稍稍对准坡道下方。保持雪板与坡道的角度，使用自由脚引导来改变支撑脚和雪板的方向，向着坡道移动。立刃在雪地上轨迹的下半部分呈新月形。

动作细节（图5-1）

　　a：雪板稍微倾斜，对准坡道下方，斜向下运动。在前进的同时，放平雪板并释放。在动作开始时，张开双脚，稍稍加大两支雪板间的间距，给自由脚更多活动空间。

　　b：将自由脚（滑雪者的左脚）向小脚趾一侧倾斜的同时，让它向支撑脚（滑雪者的右脚）靠近。这一动作会让支撑脚雪板逐渐接近坡道。

　　c与d：雪板继续向下滑动，并且慢慢加速，形成向下的弧度。

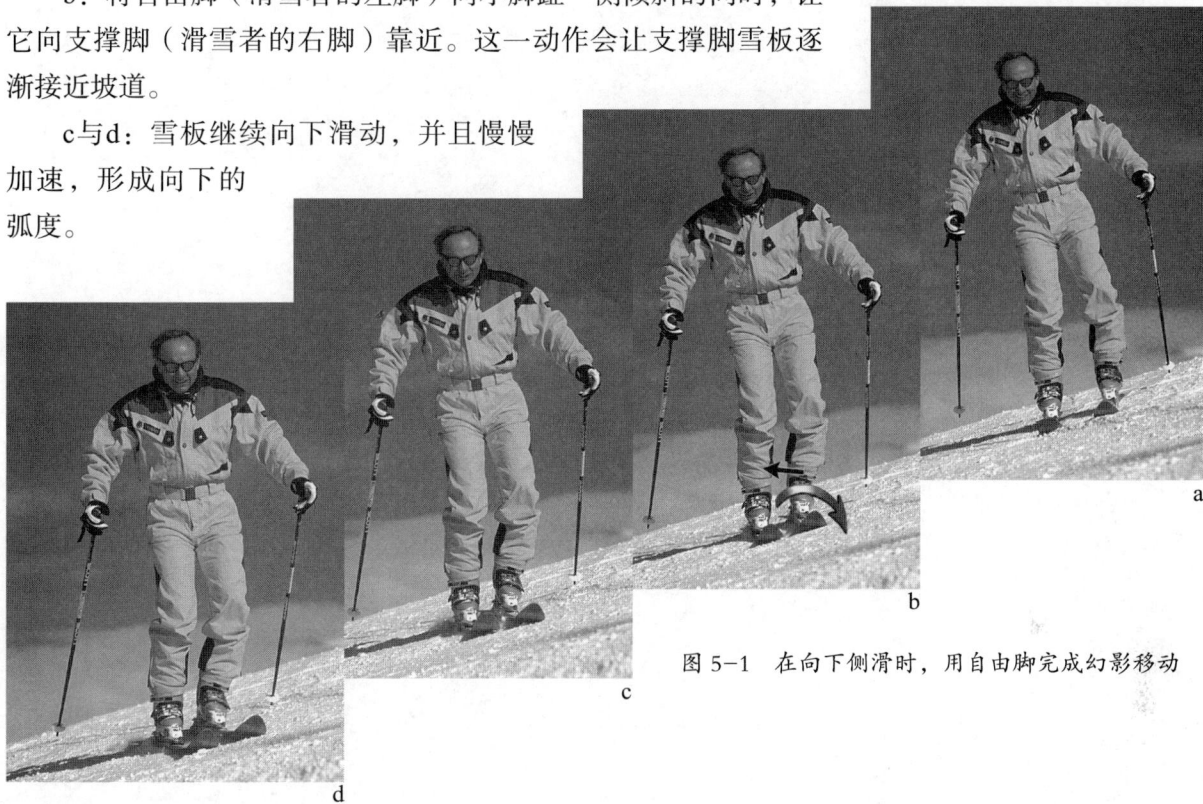

图 5-1　在向下侧滑时，用自由脚完成幻影移动

　　e至g：增加自由脚的倾斜活动，让支撑脚以更大角度倾斜。完成弧度轨迹并停止。让支撑脚与自由脚保持相同的倾斜角度，用自由脚完成多数调节动作。

总结

　　让自由脚靠近，可以开启支撑脚雪板的转弯动作。这项练习是雪与雪板之间的游戏，你的身体和动作是控制工具，让重力和摩擦力完成剩下的事，你并不需要费多大力气。如果你耐心练习，掌握滑雪时控制身体所需的腿和脚的小动作，你能成为这方面的专家。想要动作熟练，请在完整的坡道上重复练习。在不拥挤时穿越坡道。

动作要点

· 在前进时释放板刃。

· 完成幻影移动。

5-2 从小角度穿行到幻影移动

动作介绍

在第一个练习的基础上加入动态元素，能让你更早开始进行立刃滑雪和使用板刃。我们学过的所有动作，都可以在任何地形和任何速度下使用。加快速度，或是更陡峭的地形，要求支撑腿对应板刃承担更大重量。有趣的是，当板刃的角度增加，承担更高的平衡要求和更大的压力时，你的控制水平和滑雪能力也会提高。说说很容易，但是需要不断练习，在面对更大难度时，才能更加舒适。

当我一开始学习雪板滑雪时，就知道当加快速度、增加板刃的倾斜角度时，才能自如操纵雪板。每次摔倒在地时，我都会这么想。我增加板刃的倾斜角度时太快和太突然，板刃受力过大，开始快速改变方向和拐弯。在这么短的距离上，我并不习惯这样的立刃滑雪，还没有保持脚以上身体部位平衡的能力。立刃滑雪的感觉就是雪板或雪板在加速。其实，雪板并没有加速，这只是相对于以往动作的经验和对动作的预测来说的。在学习立刃滑雪时，双板滑雪者比单板滑雪者更有优势。单板的雪板底部只有一处支撑，并且只能让整个板子发生倾斜。后果非常突然，你要么摔倒，要么继续在上面。滑雪者有支撑脚作为支撑，而自由脚可以启动和决定板刃滑行。当滑雪者需要做出反应时，他尚有一些时间去调整，甚至改变板刃的倾斜角度与所受压力。

动作细节（图5-2）

a：与坡道呈45°，开始向前移动，斜穿坡道或者向面前的侧下方滑行。

b：从雪地上抬起自由脚雪板的后部。

c：让自由脚向小脚趾一侧倾斜，整个雪板随之倾斜并保持抬起（幻影移动）。

d：保持自由雪板的前端在雪地上，同时让自由脚接近支撑脚。

e：在倾斜自由脚的同时，让它的脚后跟靠近支撑脚。

f：在雪板减速到停止的过程中，减小倾斜度。

图 5-2B　与滚落线呈 45° 的幻影移动

总结

继续为脚和脚踝的动作增加力量。由于身体的一侧处于稳定状态，在完成动作期间，支撑脚雪板接触雪地且用力，保持平衡很容易。现在可以立刃滑雪了。

动作要点

· 用支撑脚行进。
· 抬起和倾斜自由脚。
· 让自由脚靠近支撑脚。

5-3 大幅度幻影移动

图 5-3 抬起自由脚，从平行穿行到幻影移动

　　从不同的观察角度都可以看到自由脚的抬起动作和膝盖与雪靴之间的位置发生改变。双脚分开站立，若间距较大，则不利于自由脚的转弯控制。这种站姿会让平衡中心远离坡道，不利于平衡和完成立刃滑雪动作。当强调建立正确的动作模式时，抬脚动作对滑雪具有积极作用。支撑脚脚踝的稳定性，有时对单脚站立时的平衡非常重要。尝试通过放松和让脚踝不接触雪靴内里而保持稳定，如果身体晃动，就需要寻找正确的落脚点和身体姿态。

放松脚踝的训练能够帮助你在滑雪时精确控制板刃。它会帮助你增强对滑雪能力的理解。

动作介绍

从小角度坡道开始，抬起自由脚，让它接触支撑脚。保持自由脚雪板的较高位置，向小脚趾一侧倾斜，并让它贴近支撑脚。

动作细节（图5-3）

a：在开始时，让雪板沿着坡道下滑。

b：立即抬起自由脚，并让它接触支撑脚。

c：在抬起自由脚雪靴的同时，让它接触支撑脚，让雪板前端接触地面，向小脚趾方向倾斜自由脚。

d：用a至c中的动作，完成过弯。

c

d

总结

注意，将自由脚靠近支撑脚的动作，是为了使脚与雪地之间的角度达到对称状态。完成这一姿势的肌肉收缩和动作会产生强大的平衡效果。

抬起自由脚雪板的后部，让它的前部仍旧接触雪地，有利于改进动作。雪板前端接触雪地，能够帮助自由脚雪板向小脚趾方向倾斜，从而翻转雪板。同时，前端接触雪地还可以增加自由脚雪板在抬起状态下的旋转力量。通过改变雪板前端对地面的压力，可以调节自由脚雪板与地面之间的作用效果。

动作要点

·抬起自由脚雪板的前端，去贴近支撑脚雪板。

5-4 从陡坡穿行过渡到幻影移动

图 5-4 抬起自由脚，从陡坡平行穿行过渡到幻影移动

一个更为直接的下坡方法，或者说是直接下坡，需要更长的雪板运动弧度和更长久地保持平衡。完成弧形轨迹的动作立刻开始，并且被放大，能增加对雪板动作和转弯能力的信心。目标是开始下坡滑行后，尽早启动自由脚，进入幻影移动。在更陡的坡道上重复这一练习，你会对幻影动作更有信心，它将让你进入朝向山坡上方的转弯。

动作介绍

与上一个练习的动作类似，从更陡的坡道上开始。

动作细节（图5-4）

a：让雪板沿着滚落线滑行。

b：抬起并倾斜自由脚——幻影移动。

c：支撑脚稳定发力，用抬起的自由脚保持平衡。

d：继续大幅度地倾斜动作，让支撑脚雪板产生反应。

e：用支撑腿承担体重并保持平衡，产生弧形轨迹。

f：耐心地完成转弯，向上方回到坡道并停下。在停止时，让自由脚接触地面。

总结

在自由脚开始倾斜时，支撑脚雪板会嵌入雪中。保持自由脚雪板的后部微微抬起。直接沿着坡道滑行，抬起自由脚并稍稍倾斜，就会让支撑脚雪板产生转向。在平坦地面上沿着滚落线尝试。平坦环境可以帮助你在不害怕的情况下测试单脚平衡能力。我们通过对滑雪者的单脚平衡能力进行测试，来判断姿势是否正确。只有那些姿势格外走样的人才不能用单脚短时站立并保持平衡。短时练习也可以改善单脚平衡。正确的姿势是保持单脚平衡的重要因素。

d

e

f

动作要点

·在开始向下滑行后，立即抬起和倾斜自由脚。

5-5 从滚落线到幻影移动

以滚落线为起点的滑雪，要求具有在起始位置单脚站立的能力。在所有坡度的坡道上都可以进行。下面的展示是在中级道上进行的，但是在初级道上更容易完成。这种"高版本"对抬起和倾斜动作有较高要求。迅速抬起自由脚，用它大脚趾一侧和雪板内侧去接触支撑脚的雪板，能让自由脚立即大幅倾斜。在卧室里，抬起左脚，迅速用左脚的足弓去接触右脚的脚踝，注意体会在这一过程中，左脚的小脚趾一侧是如何向地面方向倾斜的。

动作介绍

从滚落线开始，抬起自由脚，向小脚趾一侧大幅度倾斜，让抬起雪板的一侧接触自由脚。保持姿势，直到支撑脚雪板完成朝向坡面的转弯。

动作细节（图5-5）

a：让雪板直接沿着坡道下滑。

b：抬起自由脚雪板的后半部分（左脚）。

c：倾斜自由脚雪板，观察支撑脚雪板如何对自由脚的动作做出反应，有意识地快速完成动作。

c

d

图5-5 从滚落线开始，抬起自由脚的幻影移动

d：保持倾斜和抬起自由脚，支撑脚雪板会完成余下的任务。完成动作的时长和滑行距离，取决于保持自由脚抬起的时间。

总结

在任何情况下，使用基本动作都很简单且符合逻辑。例如，抬起和倾斜右脚的雪板，完成向右转的动作；抬起和倾斜左脚的雪板，完成向左转的动作。在整个系统中都是如此。

弯道轨迹的长度和弧度取决于3个因素：

（1）姿势雪板的平衡。

（2）倾斜程度。

（3）雪板的形状与角度。

如果你的站姿更靠近雪板前方，或是靠近雪靴的前部，转弯启动就越快。你可以通过抬起自由脚雪板的后部，将它的前部保持在雪地上完成动作。这个动作会让你的身体稍微前移；而将雪板的后部置于地面会让你的身体后移。

现在，你可以将幻影移动串联起来，开始一些花环动作。

动作要点

· 从斜坡上直接开始。

· 立即用一侧雪板保持平衡。

5-6　抬起自由脚的平行花环

在以前的章节中，就出现过花环动作，如练习2-8的环形移动，以及练习4-6的犁式花环。现在，我们使用花环动作进行平行转弯练习。第一个练习使用抬起自由雪板的后部和幻影移动。第二个练习与之类似，但是使用精确动作，将自由脚雪板保持在地面上。

使用第四章中的平行释放动作，和本章中的幻影移动，就可以完成平行花环。对平行滑雪来说，这个练习非常值得尝试。既然你已经学到了完成它所需的基本要领，剩下的就是按照正确顺序，把它们组合起来。移动脚的娱乐就此开始，多加练习，学习连接花环动作吧。

动作介绍

侧身站在坡道上，以静态和舒适的姿势开始。释放雪板并沿着滚落线下滑（图5-6中的斜线表示垂直坡）。抬起自由雪板的后部，使用幻影移动，让雪板回到坡道。在停止前，释放雪板重复练习。

动作细节（图5-6）

a：找一处练习不太费力，又比较陡，能够依靠重力下降的坡道。释放两支雪板，让它们保持平行。

b：放平两支雪板，开始抬起自由脚（左脚）。

c：在雪板几乎沿着滚落线滑行时，通过抬起对应的自由脚，改变负重动作，让雪板转向回到坡道上。

d：让自由脚（右脚）贴紧支撑脚，并向小脚趾一侧倾斜。

e：并拢膝盖，让自由脚向小脚趾一侧倾斜，移动支撑腿，让它接触自由腿，保持动作和姿势。

f：继续减轻自由脚负重和倾斜动作，完成转弯。现在，开始下一次释放，回到坡道上。将自由脚放在地面，放平雪板，使用幻影移动，完成连贯的花环动作。

总结

花环动作是将练习与滑雪结合的最好方法。在开始练习前，找一处人不多且在下面能看到上坡尽头的坡道，避免拥堵。在沿着坡道的方向，花环练习好比"抓小鸡"的游戏。当你延长释放，在释放的方向使用幻影移动时，你可能直直冲下坡道。如果你继续减轻左脚的负重并保持其倾斜，可能会完成向左的转弯。花环动作的目的，是通过横穿斜坡，练习弧线轨迹的下半段。在你直接沿着斜坡下降之前，站在左侧雪板上用它保持平衡，使用右脚的幻影移动，通过弧线轨迹回到起始位置的方向。在两个方向上进行这些练习。

图 5-6　在中级道上的花环动作（阴影表示姿势一侧）

动作要点

·在滚落线释放。

·抬起自由脚雪板的后部，使用幻影移动，回到起始位置的方向。

·重复过程。

5-7 雪地上的平行花环和自由脚

使用精准平行滑雪的能力，取决于用支撑脚雪板保持平衡。自由脚的动作引导转向和雪板控制。多数滑雪者达不到这种平衡能力，因此无法感受支撑脚雪板的立刃动作。

首先，要想抬起自由脚，重要的是学会单脚平衡，这样才能达到所要求的平衡水平。如果自由脚只能接触雪地，那就失去了水平方向的平衡。只有进行严格而精确的平衡训练，才能提高滑雪能力。单脚平衡不熟练，就会影响滑雪动作。在感受和理解了平衡后，就会知道失去平衡的感觉了。学会了平衡技能，在滑雪时，就要将它应用在每一个拐弯上。

学会了基本动作，你的平衡感可能变得更为精确。逐渐将自由脚放在雪地上，就能调整滑雪动作。有了对平衡的感知，你可以一边让自由脚接触雪地，一边用它作为基本的转弯引导。在自由脚接触地面时，它仍旧会像在抬起状态下一样工作。本练习的目的是，让自由脚轻轻接触地面，但是不对地面产生压力。通过幻影移动让支撑脚雪板转向，同时让自由脚轻轻接触地面。

动作介绍

从侧身站在坡道上的舒适静态姿势开始，释放雪板，让它们沿着滚落线运动。让自由脚雪板轻轻划过地面，用幻影移动让雪板回到坡道。在停下前，释放雪板，重复练习。

动作细节（图5-7）

a：在简单坡道上，从舒适的姿势开始。释放两只雪板。

b：继续放平雪板，像左转时那样，减轻自由脚（左脚）的负担。在倾斜自由脚（左脚）时，让它轻轻扫过地面。

c：在接近坡道方向时，停止脚的倾斜，抬起新的自由脚（右脚），将平衡转移到左脚。倾斜右脚，向右侧坡道转身。

d：用支撑脚（左脚）保持平衡，让自由脚向小脚趾一侧倾斜。在支撑脚雪板开始向上转向时，保持自由脚和支撑脚之间维持同样的间距。感觉自由脚的小脚趾一侧划过雪地。

e：自由脚进一步向小脚趾一侧倾斜，让支撑脚雪板向山坡上方转弯。先大幅减速，再释放两支雪板，进入下一个花环动作。

总结

本练习的挑战在于，在转弯时，让自由脚和支撑脚之间的距离保持一致。通过精确的小幅调整动作，建立重要的感受能力。自由脚在雪靴内的倾斜动作，可以实现调整。

第一次练习时，可能不会成功，但是要想具备能力，必须多练。平衡转移越是精细，转弯动作的连贯性就越轻松。注意自由脚并不承担体重，所以并不是双脚平均承担体重。

动作要点

·减轻自由脚的负重并倾斜，而不是从雪地上抬起。

·用自由脚轻轻滑过雪地。

图 5-7 在简单地面上的平行花环动作

平行花环的脚动作

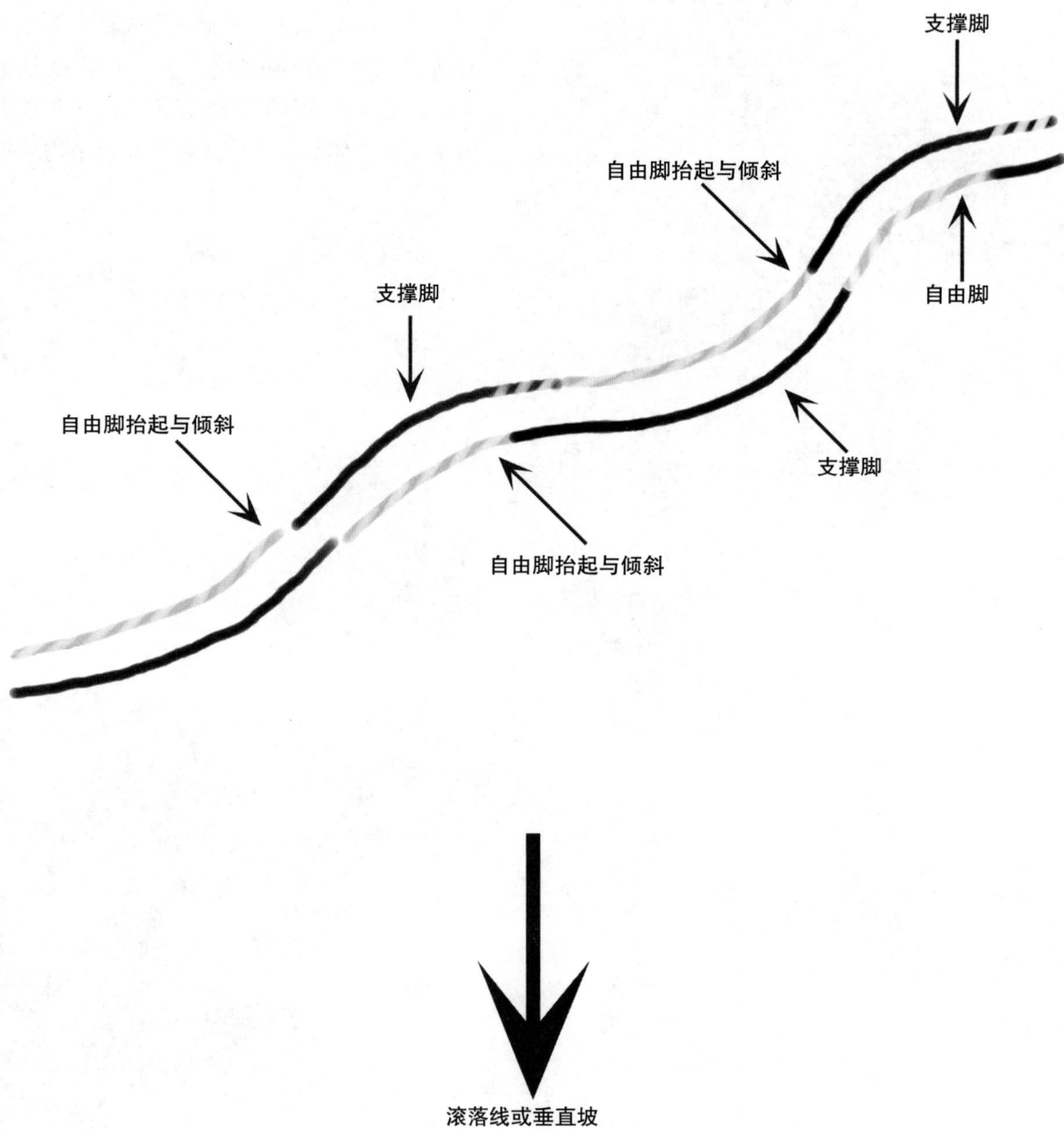

支撑脚

自由脚抬起与倾斜

自由脚

支撑脚

支撑脚

自由脚抬起与倾斜

自由脚抬起与倾斜

滚落线或垂直坡

第六章　从释放到完全转向

有了基础，有了分解动作，我们就该练习完全转向了。优秀的转向包括释放、转换和行进，这都是通过放平、抬起或是倾斜雪板的简单动作完成的。在本章，你要从起始站姿开始，用边缘改变来练习完全转向。

现在，你要准备好转换和认真的卡宾转弯。幸运的是，通过基本动作实现的转弯，并不需要多少动脑练习。向右转，只要用右脚做出幻影移动。知道了如何完成这些动作，就不必再去学习旋转、扭曲或者滑行等传统教学概念了。

滑行还是有一席之地的，当然前提是正确的教练指导。当使用基本动作，进行正确的引导和控制时，滑行才有价值；并且应当充分利用雪板的造型和设计。在完成幻影移动时，就包括一些滑行。在你已经学过动作的基础上，滑行需要在受控状态下渐进完成。增加雪板与雪地之间的边缘角度，可以改进动作，提升表现。用紧贴雪地的滑雪动作，腿和上半身可以保持平衡。任何滑行都会消失，到时你就可以具备只有高手们才有的控制能力。

我把基本动作介绍给专家参赛者，立刻给了他们全新体验。朋友和客户对动作的理解让我吃惊。尽管他们都被认为是高手，但是经常会有低效率和额外消耗体能的动作。在练习半小时的基本动作后，他们的滑雪就完全不一样了。观众们说，他们在坡道上，就经常能认出使用基本动作的滑雪者。他们的动作优雅娴熟，能在雪地上留下整洁圆滑的转弯轨迹。

> 基本动作滑雪者看上去就不一样，在整个转弯过程中都会使用雪板。
> ——克雷格·麦克尼尔（Craig McNeil）雪包滑雪运动员、滑雪题材作家和教练

如果你是没有学习过基本动作的资深滑雪玩家，请回顾前面的内容，然后从此继续向后读。

6-1　转换动作

图6-1　脚的静止状态倾斜，从一侧到另一侧

动作介绍

在这里，我们回顾学习滑雪的基本动作：让你学会有效和优雅地滑雪。基本的倾斜动作还有一个特点：抬起支撑脚，转移平衡，有了新的自由脚。

动作细节（图6-1）

a：站在一个缓坡上，使用滑雪杖作为支撑，用支撑脚保持平衡，让雪板与地面产生一定的角度。

b：开始放平双脚，进入释放动作。

c：当雪板在地面放平后，抬起支撑脚，让它成为自由脚，并向小脚趾一侧倾斜。

d：稍微减小双脚间距，帮助完成倾斜动作。

e和f：自由脚向小脚趾一侧倾斜，准备下一个转弯。

总结

　　"向小脚趾一侧倾斜"的动作，总是关于自由脚的。它意味着另一只脚充当支撑脚。转向的动作，总是由自由脚来引导的。如果这一动作过早或是幅度过大，就会让双腿处于双膝之间空隙过大的O形。

　　当我们把转弯连接起来时，在每一个转换动作的开始，都会有一个支撑脚——自由脚的转移过程。

　　基本动作是能够让转移动作变简单的工具，因为在转弯时要用支撑脚维持平衡。这里的倾斜练习说明了转换的过程。练习这个动作，培养对转弯的感觉。每一处转弯，都要经历这套动作，它是成功转向的关键，熟练掌握后可以节约数周的学习时间。

d　　　　　　　　　　　　　e　　　　　　　　　　　　　f

动作要点

·在静止状态下，进行释放、转移和前进的动作。

6-2 双脚释放到完全转弯

你已经学习用释放动作进入转弯。现在，优化动作，尽快转移平衡，尽快切入弯道。释放是使用"抛物线"雪板进入平行弯道时的动作，下一步就是转换进入更高的弧形线路。本章的目的，就是连接释放与前进。熟练掌握这两个动作，它们的间隔时间就会减少。转换时间越短，进入下一个弯道时的平衡就越好。

图 6-2　双脚释放到完全转弯——完成

动作介绍

在雪板指向坡道下方前，释放并转移平衡到新的支撑脚。减轻自由脚的负担，完成释放动作。倾斜自由脚，使用幻影移动，让新的姿势雪板前进。

动作细节（图6-2）

a：侧身站在坡道上，双脚放平释放。

b：让雪板沿着坡道向下滑行。

c：进一步放平雪板，准备减轻较低的脚（左脚）的负重，让它成为自由脚。

d：感觉雪板在雪地上放平。

e：抬起支撑脚（左脚），作为自由脚。用新的支撑脚保持平衡。

f：用支撑脚保持平衡，自由脚可以增加倾斜度。

g：让自由脚靠近支撑脚，辅助倾斜动作。弯曲自由脚对应的膝盖，让自由脚位于身体下方。

h：让自由脚的雪板后部落地，整只脚负担前/后向平衡。

i：保持自由脚承担较小的负重，不断向小脚趾一侧倾斜。用自由脚向支撑脚的脚后跟施加更多压力。

j与k：继续向小脚趾一侧倾斜自由脚，完成转弯。让自由脚轻轻划过地面，直到结束动作。

总结

在沿着坡道下滑前，先用新的支撑脚站稳。自由脚会引导完成转弯的剩余部分。转弯何时结束，取决于你想使自由脚倾斜多久。在使用某些"抛物线"雪板时，如果你能保持足够久，甚至能完成360°的动作，回到你出发的坡道上。通常，你的转弯不会持续这么久，稍后就会进入相反方向的下一个释放动作，将转弯连接起来。

动作要点

·在直接沿着坡道下滑前，用新的支撑脚雪板维持平衡。

·在完成整个转弯的过程中，保持自由脚离开或轻轻接触地面。

6-3A 双脚释放到完全转弯——开始

动作介绍

下面的三组照片，展示了一个转弯动作的三个不同阶段。上一个练习描述了相应的动作。在这里，那些注重细节的读者，需要费很大精力，才能理解到达下一阶段所需的过程，减少对长时间双脚释放的依赖，尽快减轻自由雪板的承重，通过精确调整的释放动作，立即让雪板进入运动状态。照片还展示了双脚释放，但是当你开始运动，连接转弯和加速时，可以实现较早的转换动作。目标是在雪板前端指向下坡方向前，让它们进入运动状态。越早使用雪板，越能让它们发挥作用，就越能完成更难的转弯动作。

动作细节（图6-3A）

a：放平两支雪板，开始释放动作。不过，放平支撑脚的动作更早一些（滑雪者的左脚），这样可以让自由脚进入动作。自由脚的倾斜度不应过大。在雪板前端指向斜面的过程中，支撑脚应当慢慢放平。注意，雪板前端在转弯前不要倾斜，否则小脚趾一侧就会被卡在较低位置。

b：放平的动作应当是逐渐进行的，在沿着滚落线下降时，用心感受脚下的雪板水平地滑动。放平动作是由脚的姿势变化产生的。让支撑脚向小脚趾一侧倾斜。

c：这时，进一步放平雪板，让它们在重力作用下沿着滚落线运动。在感觉到雪板转向时，尽量把它放平，不要转向自由脚的大脚趾一侧。如果能自如应对转弯中的这一时刻，就可以开始转换了。通过减轻自由脚（左脚）的负重来将平衡转移到你的自由脚b（右脚），现在，雪板转向会更迅速、更容易。

d：在转变方向时，对雪板的感觉应该是"非常滑"，这是转换动作的核心。在这里，必须通过平衡转移来产生转换。当速度提高时，转换会更加容易和顺利。

e：这时，完成了转换，或者说转移平衡到新的支撑脚。自由脚（左脚）已经开始向小脚趾一侧倾斜（从双膝之间增大的空隙可以看出）。

f：在自由脚引领转弯的情况下，支撑脚可以完全致力于新的转弯过程。

动作要点

· 在释放前完成转换。

图6-3A 双脚释放到完全转弯——开始

6-3B 双脚释放到完全转弯——中段

图 6-3B　双脚释放到转弯——中段

动作细节（图6-3B）

a：在开始转弯时，用支撑脚来保持平衡，通过蹬雪，保持自由腿伸直。注意体会脚底的感受。在伸直腿的过程中，脚受到的压力集中在脚后跟上。感受支撑脚的大脚趾内侧的压力，以及雪板的一侧全部陷入雪中的感觉。在脚后跟，你应该能感觉到雪板摩擦地面，并且分量沉重。感受雪板尾端稳定抓地，同时没有身体侧向动作的状态。支撑脚不要出现坍塌、快速折叠身体和快速转弯。

b：在转弯的动作中，继续让雪板前端对准坡道。由于自由脚向小脚趾方向倾斜的动作，身体会向弯道的内侧倾斜。保持自由脚的雪靴靠近支撑腿。你的平衡转移到弧形轨迹内侧时，会加大雪板的倾斜角度。从雪地上抬起自由脚，就是保持平衡的方法。

c与d：雪会从雪板的下方飞溅出来，落在坡道一旁。从拍摄照片的镜头角度看，这意味着雪板正在倾斜划出弧线。在使用"抛物线"雪板时，要注意拐弯的起始位置十分重要。比起旧式雪板，多数"抛物线"雪板短且轻。更短更轻的雪板无法承受太多的向外侧滑动，如果起始动作时腿部弯曲，或是用脚驱动，就会错过转弯。在重力引导雪板倾斜通过坡面时，旋转的力量也会对转弯有不小的影响。在滑雪时，我们感受到的主要力量就是重力和向心力。转弯的最后阶段两种力形成合力促使滑雪者向下方运动。如果雪板在到达这一位置时处于滑动状态，就会继续滑动。

长时间滑动会让连接转弯变得更加困难。如果在转弯结束时，有积雪从雪板底部向较低位置溅出，你就是在滑动了。许多滑雪者都有在刚刚进入弯道时就扭转雪板的习惯，因为这就是他们过去学到的。滑动的雪板让我想起了用小木片向糕点上涂抹冰碴，会形成宽宽的、像扫帚扫过一样的印痕。只有精确调控的小腿和脚的动作，才能形成狭窄和深切的沟壑。

e与f：当你进入弯道的结尾时，能明显感觉到重力的作用。在拐弯的最低位置时，自由雪板在保持平衡时有了不同的作用，准备发力。在拐弯的最低位置，支撑脚雪板的后部通过滚落线需要更多重量。如果你在雪板上的位置太过靠前，如过度的屈膝或是身体前倾，或是向脚趾关节施加太大压力，都会让雪板前端的受力增加而对雪板后部的控制减少。在e中，自由脚的后方位置较低。这种改变对身体的前、后方向平衡会有很大影响，让雪板后部承受较大重量。

6-3C 双脚释放到完全转弯——结束

动作细节（图6-3C）

a~c：前文讨论的力量为滑雪增加了乐趣。转弯最有趣的部分就是最后的时刻。身体倾斜的感觉，以及身体与坡道之间难以置信的夹角，在过去只有顶尖高手们才能享受。"抛物线"雪板让更多人能够在更安全和速度更慢的情况下，获得相似体验。增加自由脚的倾斜程度，就能保持对雪地的切割作用。

d~f：完成转弯是一门"逝去的艺术"。滑雪的最大乐趣和最刺激之处，就是如同投石器般的效果：踩着雪板，加速略过滚落线，穿越坡道。使用拐弯产生速度，让雪板横越坡道，进入下一个转弯。完成转弯的路径，应该是明晰的弧形轨迹，而不是杂乱的印痕。雪板滑雪的许多乐趣来自在拐弯的最低位置，用雪板穿越弧线。这种感觉与坐过山车时的高倍重力加速度效应差不多。现在，使用雪板，即使不经历可怕的高速运动，你也可以感受类似的感觉。

e：用支撑脚承担体重，身体保持放松，它还要承受拐弯时的力量。不过，由于腿和身体的位置符合自然形态，肌肉并不疲劳。保持身体直立的是骨骼，而不是肌肉。用骨骼保持直立的姿态十分重要，因为它可以节省力气，让你享受更多乐趣，延长滑雪时间。脚和雪靴的正确位置、"抛物线"雪板及使用基本动作的组合，能为滑雪运动带来良好体验。

f：当自由脚重新落地，支撑脚回到水平位置，如同初始状态时那样，就算完成拐弯了。

动作要点

·降低自由脚雪板的后部，完成转弯。

a

f

e

d

b

c

图 6-3C 双脚释放到转弯——结束

单脚滑雪：成功的前提

人们对单脚滑雪存在不少误解。在过去的10年间，滑雪教程对这类学习者的期待和收获都不多。当滑雪教练们认为只有双脚同时站在雪板上才能滑雪的时候，他们已经落伍了。我认为，这种两只脚的"技术"，相当于降低了期望，如果滑雪者不能用一支雪板滑雪，那么不要去帮助他们，忘掉就好，而应按照更低的要求教他们双脚滑雪，结果就是，如果你把根据双脚滑雪发展的一套技术作为全部所学内容，只能勉强达到中级水平。

我经历过这种情况，很典型，我的观点如下。一个参加过培训课程的教练找到我，询问关于她的训练方法。她说，在培训班上，教练对学员们的指导就是用双脚宽阔分开的站姿和"抛物线"雪板滑雪。对这种方法，这位接受培训的教练非常困惑。就在一天前，我成功地教会她用单脚保持平衡，这是她滑雪技术的一大突破。教练当着学员，用双脚并拢动作技术演示自由滑雪时，抬起了自由雪板，这时她发表了下面的评论。

> 据我所知，用单脚滑雪是平衡技术的关键。最初，这也许是错误。但是，根据我从哈罗德身上学到的知识，我才意识到，过去花了几千美元参加滑雪课，从第一天开始，就没有处于平衡状态。现在，我感觉一切尽在掌握中，即使在黑道上也可以实现完美的曲线转向。这在我短暂的滑雪历程中是第一次。
>
> ——吉姆·皮特库克（Jim Pitcock）医学博士

我们通过线性姿势系统（alignment systems）培训数千名滑雪者的经验证明，90%以上的滑雪者能从线性姿势课程中有所收获，10%的人能接近较好的线性姿势状态，在许多情况中，他们依旧可以有所收获。在评估线性姿势时，就包括单脚平衡练习。能够达到良好姿势和实现单脚平衡者，能很快取得进步。花费一些金钱和时间，学会线性姿势，是非常不错的投资，能减少以后的困惑并缩短学习时间。

我所认识的每个高水平滑雪者都可以用单脚保持平衡，用雪板连接拐弯。我总是教授学员如何用单脚站立，如何滑雪前进。如果他们做不到，我就帮助纠正姿势。随后，他们就能用一侧雪板滑雪了。他们的学习进度也会加快。如果你能用一侧雪板保持平衡，但是仍旧学的是双脚分置的双脚滑雪技术，我表示同情，因为你本来能有更大进步的。

我的一生都在培养顶级滑雪运动员，因为我是一个竞赛级滑雪者，我感觉如果孩子们认真学习和训练，就必须有与之匹配的能将其引向成功之路的教练。因此，我开始教课收徒。我辅导的运动员中有许多优秀的山地滑雪高手。我很欣慰，培养出若干全美一流运动员。

现在，我把注意力转向培养大众中的滑雪爱好者。我觉得这类人群也需要教练指导和合理课程，才能学有所成。单脚站立的能力决定了你达到更高滑雪水平的学习速度。在过去20年中，比起其他人或组织，利托·特约达-福劳瑞斯（Lito Tejada-Flores）对滑雪教学做出了更大的贡献。从上一个学期开始，我们也为他的客户纠正姿势。利托在课程中加入了姿势系统，他相信单脚雪板平衡是进步的关键。他要确保学员们能够掌握这项技术。

下面的练习将让你学会单脚平衡技巧。每一个滑雪者都应该掌握这项技术。你的终极目标应当是使用一侧雪板转弯，这标志着极为娴熟的滑雪能力。不要放弃。你需要的只是多加练习。多数人的双脚平衡能力不均等，这意味着在平衡能力较弱的一侧有更大的提升和改进的空间。

6-4 单脚平衡

图 6-4A 单脚穿行

动作介绍

在平滑的雪地上练习跑直线。轮流用一只脚保持平衡（未配图）。在穿越时同样练习。

动作细节（图6-4A）

a与b：从坡道的一侧开始，沿着小坡度穿越。用支撑脚的一侧作为支撑。能够自如应对时，抬起位置较高的脚（右脚），让它充当自由脚。在两个方向都进行尝试，在穿越路线上雪板的轨迹应该是一条直线。

c与d，图6-4B的a至c：双脚落地穿越，逐渐减轻支撑脚或是位置较低的脚（左脚）的负担。一开始，让支撑脚的一部分（脚跟或脚趾）离开雪地。如果能完成动作，继续尝试直到抬起支撑脚的整块雪板。

总结

这项练习可能很难。在能够完成动作前需要大量训练。不要放弃，我在辅导不同年龄和能力的中级滑雪者时都会教授它，非常有效。如果在练习中遇到困难，并且想找到原因，请阅读本书中关于姿势调整的部分，即第12章。

图 6-4B　用位置较高的脚穿越

单脚平衡很重要，因为它可以让转换变得更为简单，而转换是转弯很难的一个环节。高手们能快速完成转弯，而不那么熟练的滑雪者完成转换需要更长时间，并且可能出问题。每次转换时，高手们也要花费片刻时间重新完成平衡动作，将支撑脚从一侧转换到另一侧，这就是平衡转移。双脚轮流保持平衡是完成转换动作的关键。你要一直练习这些动作，把它们贯穿到一起。转换过程中的舒适和稳定程度，取决于用单脚保持平衡的能力。在下一个练习中，我们要展示成功的平衡转移过程中的动作以及用时。

动作要点

· 抬起自由脚，用支撑脚完成穿越。

· 抬起以前的支撑脚，用新的支撑脚穿越，完成平衡转移。

· 如果你不能轻松按照直线轨迹完成穿越，请阅读本书关于调整的部分。

6-5　全部转向

此处展示的快速抬脚和倾斜是双脚同时释放的升级动作。这组动作接近顶级滑雪者使用的早期平衡和转移动作。高手们难以效仿，那是因为这些动作隐藏了重要却微小的调整动作，水平的差距来自于这些调整。本练习介绍这些动作，让它们帮助你滑雪。

动作介绍

按照偏离滚落线的角度，从一处斜坡下降。抬起和倾斜支撑脚（右脚）。保持雪板前端接触地面。使用幻影移动完成转弯。

动作细节（图6-5）

a与b：沿着偏离滚落线的方向从陡坡下降。在进行动作前先累积一些速度。用支撑脚站立（右脚）。

c：抬起支撑脚，让新的支撑脚（左脚）平放在雪地上。

d：只抬起支撑脚的后部，并且立即向小脚趾方向倾斜。

e：用新的支撑脚自然保持平衡，完成转弯。

f：继续倾斜自由脚，同时让它靠近支撑脚。

g至i：现在，可以放低自由脚，让它踩在雪地上。重新用脚的中部和脚跟找到平衡，完成转弯。

总结

趋势是让支撑脚雪板快速进入转弯，横越坡道。要有耐心，不要有扭转、转向或是其他干扰支撑脚的动作。如果你先前学过的滑雪课程中有脚的旋转和扭转动作，就该转变动作了，这样你才有机会改进滑雪。当雪板的尾部紧随前端运动时，我们称为切割。使用旧式技术雪板，扭转是滑雪教学的基本内容之一。由于卡宾动作难以实现，几乎没有教练会去教授。它只是竞赛级滑雪者的本领。现在，所有的滑雪者都有机会尝试卡宾动作。如果你参加一个使用"抛物线"雪板的培训班，教练却在谈论用扭转和脚的转动去完成转弯动作，那么尽快换一家培训班。

动作要点

·用新的支撑脚开始释放。

·用自由脚的倾斜来实现转弯。

6-6　双脚快速释放

　　这里展示的是双脚释放，单脚在进入拐弯时保持平衡。这组动作的目的是展示，因此要慢速完成，呈现高手的动作过程。顶级滑雪运动员的动作非常难以观察，因为他们的自由脚非常贴近地面，动作幅度也很小。如果你有机会观看世界级大赛上那些最优秀的滑雪运动员，就会看到这里展示的动作。在山地国家中，奥地利滑雪队拥有最高级的技术指导项目。他们统治着技术性的国际比赛。这不是巧合，因为他们指导和训练运动员使用最有效率的动作。

　　也许你会问，为什么我们要学习顶级运动员的动作？传统观点认为，一般业余滑雪者无法掌握顶级运动员的动作。我已经向教练和学员证明情况并非如此。效率和功能是顶级运动员的标志，基本动作教学系统的目标就是教授顶级运动员使用的讲求效率和功能的动作。

动作介绍

　　让雪板从上一个转弯时的侧面接触地面，变为平置。立即抬起支撑脚，让它向小脚趾一侧倾斜。这样在开始转弯前就有了新的支撑脚。

动作细节（图6-6）

　　a：从穿越开始，用支撑脚承担全部平衡（左脚）。

　　b：自由脚落地，双脚放平，抬起支撑脚。这一动作改变了双脚的分工。现在更换支撑脚。用滑雪杖作为额外支撑。

　　c：在支撑脚之前倾斜自由脚，让自由脚雪板向小脚趾一侧倾斜，前端接触雪地。

　　d：让自由脚大幅度接近支撑脚，同时保持自由脚雪板的前段落地。让支撑脚雪板承担动作。

　　e：慢慢地让自由脚雪板接触雪地，但是不要让它承担体重。继续让它向小脚趾一侧倾斜。

总结

　　在这组照片的第一张中，我衣服上的腰带扣从较高位置的脚的上方开始，逐渐越过身体中线，移动到转弯内侧的雪板上方。谁说"移动身体重心？"怎么可能做到的？没有一个动作是通过移动躯干做到的。所有动作都是通过脚的移动和身体上方动作链条的调整形成的，目的就是保持平衡。

图 6-6 双脚释放转弯，
初级道

a

b

c

d

e

在b和d中，注意，自由脚先向小脚趾一侧倾斜，支撑脚再做出配合动作。雪靴之间的空隙要比膝盖之间的大，恰好说明这一点。对专家级别的滑雪者来说，自由脚的动作非常重要，不可或缺。在这里，自由脚的动作十分迅速，它对应的膝盖指向坡道下方（这是脚倾斜的结果，不要尝试移动膝盖），雪板前端的小脚趾一侧要接触地面。需要澄清的是自由脚和它对应的腿的动作。传统教学强调扭转自由脚对应的腿（左腿）。你可能听到过这样的指导，如旋转内侧的腿或脚，或是用它们调整方向。旋转自由脚对应的腿是错误做法，对滑雪没有任何好处。自由脚旋转会导致身体旋转和破坏平衡。自由腿转向会影响动作，也会影响滑雪，除非你能同时旋转姿势腿给予补偿，否则支撑脚就会侧滑。

如果你在学习如何正确完成切割和平行滑雪，那么就不要让身体发生旋转。通过基本动作的使用，利用雪板的设计，来让身体处于自然的状态。

在支撑脚倾斜时，点杖可以提供额外的支撑和稳定性。雪杖对平行滑雪十分重要。在第9章中就有关于使用雪杖的详细指导。

动作要点

· 让位置较高的脚担任新的支撑脚，并且向小脚趾一侧倾斜。

· 用幻影移动直接让支撑脚向大脚趾一侧倾斜。

下页进入动作过程

6-7 位置较高脚释放进入幻影移动

不论双脚的相对位置高低，使用单脚穿行是学习滑雪时的重要内容。如同练习6-5所示，学会用单脚维持平衡才能取得进步。通过这个练习，你可能实现大突破。滑雪者经常用它来测试平衡能力和改进技术。它经常为滑雪带来新的刺激，是一项提高滑雪能力的新挑战。

动作介绍

在穿越坡道时，让新的支撑脚承担平衡，倾斜自由脚开始进入转弯。

动作细节（图6-7）

a：用位置较高的脚开始穿越动作，自由脚完全抬起离开地面，尝试自由脚雪板的上下方向运动。

b：抬起的腿向内收，将雪板的前端放低。

c：将自由脚主动向小脚趾一侧倾斜。用支撑脚保持平衡，允许自由脚改变雪板角度进入转弯。

d：在稳定倾斜支撑脚雪板的同时，保持自由脚雪板后方抬起。转弯时的速度和动能可以帮助保持平衡，为达到更大幅度的倾斜做好准备。

e：伸直腿，增加支撑脚雪板刻雪的深度。

f：让自由脚紧贴支撑脚，并且保持在躯干正下方的位置。不要让它过分偏离躯干。现在，支撑脚雪板与自由脚雪板的倾斜角度基本一致。

g：前、后方向的平衡，是通过自由脚抬起或放低雪板尾部的动作来实现的，我们曾经练习过。放低自由脚雪板的尾部，将身体回到中正位置。在转弯穿越斜坡时，站在支撑脚雪板的正上方，实现有力的切割式结束。

总结

在到达转弯前的穿越过程中，先在较高位置倾斜自由脚雪板前端，接下来才是尾部。然后，放低雪板前端的位置，再让自由脚向新的转弯方向倾斜。放低雪板前端，让身体在转弯开始时就处在中正位置。

在转弯过程中，伸直腿，站在脚后跟的位置，用脚的后部保持平衡。但是，这不意味着身体后仰。如同本章中前面几个练习所示，在g之后，放下自由脚，让它转换为新的支撑脚。抬起现在的支撑脚，开始进入下一个转弯。

动作要点

· 用位置较高的支撑脚的小脚趾一侧穿越。

· 在穿越过程中，使用幻影动作。

图 6-7　位置较高的脚释放，进入幻影移动

第七章 连接转弯

"我无比感谢教练和这个训练系统。它既囊括了全部重点，又不会让学员产生疑惑。结果是，我的滑雪能力从自认为的中级水平进步到了高级水平。"

戴维迪西克（David Disick），弗兰兹·卡拉默滑雪场（Franz Klammer Lodge）主席

我们已经介绍了连接和切割转弯。许多滑雪者希望能完成中等或短半径的弧线动作。本章中的所有照片是在同一个连续滑雪过程中拍摄的。如果你上过滑雪课，那么就一定见过对这样转弯的描述、分析、展示和分解。你腻烦了吗？我是受不了了。不过下面的描述不会。我不会用枯燥的解释让你腻烦。中等半径的切割转弯非常重要，我们要让它变得生动。本章的标题可以是：

> "你想知道关于切割转弯的一切，但是找不到能指导你的人。"

稍后，你会学到如何用"抛物线"雪板来完成这种转弯。因为"抛物线"雪板改变了滑雪运动，你从没见过这样的指导方式。我们不希望见到任何动作不美观的滑雪者，因此拐弯并不是由于扭转或旋转启动的。

你在前面章节中学到的每项技能，都会在本章得到应用，将滑雪技能提升到新的水平。如果你直接阅读本章去看高手们如何转弯，那么先不要往回翻阅。接着尝试，也许你会吃惊。一旦尝试了那些动作，你可以决定回过头来阅读前面的章节，查看简介部分。

平行滑雪不再是难以实现的目标。我充满信心，这套教学系统和新型雪板让你快速掌握平行滑雪。新的目标是完成流畅美观的转弯动作，在新雪上留下圆滑的轨迹。如果你把它作为目标，那么我们开始吧。

多年来，滑雪教练们一直在回避切割转弯，他们的评论是"切割不是一切""滑雪又不只是切割""又有人因为卡宾动作受伤，他以后也许不能再滑雪了"。我听到的这种谈话足够多，并且多数是来自管理机构。这些声音掩盖了卡宾动作难以教授的事实。我教导学员卡宾动作，他们都很开心。我同样记得滑雪时该用一支雪板还是同时使用两支雪板的争论和矛盾。"我们不要教了，反正学生又学不会。"对学生能力的低预期，加上低效率的教学系统，必然导致很差的能力！这就如同一个人对他的太太说，她不能驾驶保时捷汽车，因为"它太快了，不可能驾驶好"，而真正的原因是他无法教会太太踩离合器。这就是保存面子的代价。

本书已经介绍过完成切割连接弯道所需的多数动作。如果你学习了本书中的全部课程，也许已经能够完成切割。产生切割的动作与传统滑雪中的完全一致。切割能让你具有在不同雪地、不同地形上滑雪的全面能力。将不同的动作进行组合和调整，你就能随心所欲地完成高难度的切割，无论雪包、粉雪、碴雪、山地还是滑野雪。不要害怕你将要学到的技术，我们从干货开始吧。

7-1 连接中弯滑行

　　如果你掌握了前一章中的渐进式释放，直接、切割和平行转弯就变得简单易学。先进入渐进的双脚释放，再使用雪板完成剩余动作。在释放的过程中包括放平雪板；直到需要改变行进方向时，再使用板刃。这就是你在进行动作前要经历的学习阶段。连接切割转弯，要求能够快速完成平衡转移。你从本书前面章节学习的释放动作，使用幻影移动，进行直接快速的释放，在切割弧线轨迹过程中就不会犹豫了。

　　本章中的所有照片拍摄的都是同一组转弯动作。所有转弯都是圆滑的，因为这里使用的是按照圆滑轨迹转弯的"抛物线"雪板。其实，这种雪板不经常走直线，它们不需要任何"扭转"的帮助就可以进入转弯。如果使用"扭转"动作，它们反而会失去效率和切割的功能。只要使用倾斜动作就能操控雪板，完成你即将看到和学到的转弯弧线。

动作介绍

放松支撑腿，释放进入转弯。使用自由脚的幻影移动来引导控制转弯。

动作细节（图7-1）

a：这是上一个转弯的结束部分。用支撑脚（右脚）站立，自由脚保持紧贴支撑脚。

b：观察下方的坡道，找出希望进行下一处转弯的精确位置。

c：将自由脚放在地面上，开始放松支撑腿的肌肉。

d：完全用旧的自由脚（左脚）站立，抬起新的自由脚（右脚）。来自旧的支撑脚，保持身体站在雪板上的支撑已经没有了，身体开始在重力和动能的作用下，沿着坡道向下滑行。这种感觉非常好，它不需费力，只要保持放松。

e：倾斜新的自由脚。

图 7-1　连接中弯滑行

f：收缩新的支撑腿（左腿）的肌肉，在新的转弯中获得支撑和力量，避免弯曲支撑腿，否则会导致转弯动作无力。

g：这种转弯的美妙之处在于它完全是依靠重力完成的。继续完成幻影移动，倾斜自由脚。

h：完全由支撑脚承担保持平衡的任务。弯曲自由腿，扩大过弯道时身体倾斜的范围。

总结

放松：在弯道的下方，放松支撑腿腿的肌肉，开始释放支撑脚雪板。

许多年来，教练一直在说"放松"，下面介绍如何、何时以及为什么要放松。因为肌肉在放松状态下对重力的抵抗作用变小，需要弯曲或抬高支撑腿。放松是平顺过弯的要领。放松等动作将平衡转移到自由脚，让双脚平均负担压力。放松还可以放平支撑脚雪板，开始释放动作。

当支撑脚雪板放平后，先不要向小脚趾一侧倾斜。转换有助于完成这一动作。从水平姿势开始，用一次不间断的动作向小脚趾一侧倾斜自由脚。在放松之后的倾斜动作可以让新的支撑脚启动卡宾动作。这样，你就进入了切割区。

站姿宽度：在g中，虽然两脚分开，但是站姿的宽度并不大。有时只看图像经常导致对站姿宽度的误解。双脚之间的垂直距离会增加（抬起自由脚），但是自由脚依旧接触支撑腿。增加两脚间的垂直距离很重要，这可以扩大身体的倾斜范围，避免支撑脚在雪地上的拖沓动作。站姿的水平

宽度，或是双脚之间的水平距离应当由对平衡的需要来决定。对姿势良好的滑雪者来说，并不一定要通过增加双脚之间的水平距离来获得姿势稳定。过宽的水平站姿将减少动态平衡能力和影响雪板的切割性能，尤其是在弧线轨迹的顶端。在猫跳、粉雪、碴雪等情况下，过宽的站姿是完全无用的动作，并且非常不美观。美观是熟练滑雪技能的副产品，它总是与基本姿势教学系统相联系的。

在本章中，我们讨论转换或平衡转移时的必要基本动作元素。从脚开始，主动连续的水平运动会产生动作，重力的牵拉作用作为辅助，使用山地环境中的自然力量来完成有效的拐弯，这样可以减少能量消耗对腿的力量要求以及不连续的雪花飞溅。

动作要点

· 从放松到释放。
· 抬起脚进行转换。
· 通过倾斜来进入动作。

7-2 在连接中弯滑行进行平衡转移

图 7-2 从图 7-1b 至 e 中的弯道开始转移

此处图片采用阴影标记，来展示双脚之间的平衡转移。阴暗的一侧是支撑一侧，它承担平衡。在现实中，支撑一侧与自由一侧并没有图中展示的明暗区别。不过这说明支撑是如何转移的。转移是滑雪中的重要动作，我们使用中等半径的圆弧，以中等速度过弯，来展示渐进转换。

动作介绍

通过放松支撑腿的腿部肌肉减少它的负重，来转换支撑脚。收缩自由脚的肌肉，在进入弯道时，准备用它来支撑身体。

动作细节（图7-2）

a：用支撑脚保持平衡，将全部压力集中在这只脚。保持自由脚不承担体重，仅仅是轻微接触地面。

b：放松支撑腿的肌肉（右腿），放平雪板并转移平衡。

c：减轻雪板的负重，让它成为自由脚，完成转移动作。明暗度相同表示压力正在转移到新的支撑脚（左脚）。

d：抬起自由脚，这样就有了新的支撑脚。现在，可以用自由脚开始幻影动作。

总结

第6章中介绍的站姿启动需要更多耐心和渐进式的放平。连接转弯放平是几乎没有时间犹豫的瞬间动作。当雪板前方指向正下方时，速度与重力将带动身体向山下运动，帮助放平雪板。从脚开始的水平方向倾斜会沿着动作链条向上传导，产生平衡，并让平衡从一条腿转换到另一条腿或脚。

雪板是怎么转向的？在图片序列中，雪板的侧向切割产生了直径差不多12米的转弯半径。当板刃嵌入雪中，又受到体重压力时，雪板就会弯曲并切割出弧形轨迹，这就是转弯。无论如何，不要让支撑腿向大脚趾方向倾斜来保持平衡（多数滑雪者首先接触的是这个动作），它会导致两侧雪板不平行。

收缩支撑腿后侧的腘绳肌，让臀部稍微向前移动，作为小幅的重心调整动作。重要的不是如何使用摩擦力在雪地前进，相反，放松腘绳肌会将雪靴的后方置于身体正下方，让髋部前移。这不是"向前冲"一样明显的动作，而是局部调整。它发生在水平边缘转换阶段，当髋部从较高位置下移至较低位置，压力和滑行阻力达到最小时，更容易将脚保持在重新调整后的位置。只需要将脚保持在身体下方，在转换时获得前后方向的平衡。

　　按照本书中的描述完成相关动作，就能达到正确、平行、顺畅的切割转弯，几乎不可能出现其他结果。这些动作的生物力学都非常精确。如果你抬起一只脚，就用另一只脚站立。如果你抬起支撑脚，开始幻影移动，就会用新的支撑脚板刃进行动作。如果你使用一支支撑腿雪板的一侧，用它保持平衡，这支雪板就会偏转。这些都是简单的概念，并且都是有效的，十分容易理解、学习和应用。我们已经成功地教会所有的滑雪学员。正确的滑雪技术基础来自于这些动作，能让你快速达到当前的和长远的目标。

动作要点

· 改进和组合7-1中的动作。

· 在转弯的平衡转换过程中，通过收缩腘绳肌保持脚在身体下方，保持身体的重心位置。

7-3　连接中弯滑行（连续）

　　下面的图片展示"抛物线"雪板为我们带来的重大滑雪革新。滑雪必须能让滑雪者们兴奋。如果没有这种新式雪板，所有坡道都会被单板滑雪占领。虽然我也会去玩单板滑雪，但我记不得如何使用老式雪具，在不费大力气和低速度的情况下完成弧线转弯等动作。

　　在第12章中，我们还要再讨论"抛物线"雪板。

动能和重力：信任它们

动作介绍

使用基本动作进行释放、转移和行进，连接圆弧转弯。

动作细节（图7-3）

h至k：支撑脚雪板会切割雪面，在转弯时划出弧形轨迹。平衡是由支撑脚雪板实现的，重要的是让支撑脚站在雪板的中心，来收紧弧形轨迹。如何通过向雪板施加额外的压力来收紧弧形轨迹？让雪板以更大的角度倾斜，伸直支撑腿。在抬起自由腿、让它更接近身体的同时，让自由脚保持向小脚趾一侧倾斜。

图 7-3　连接转弯（续图 7-1）

l至p：在图l中，开始放松支撑腿（左腿），感觉到支撑逐渐消失。来自弯道的压力变小，支撑的基础没有了，左腿成为自由腿。通过操纵新的自由脚雪板，稍微抬起它的后部，让它向小脚趾一侧大范围倾斜。

自由脚雪板的前端接触地面，从大脚趾一侧向小脚趾一侧倾斜。感受这种倾斜和新的支撑脚的用力。新的支撑脚雪板（右侧）从小脚趾一侧倾斜逐渐转变为水平。然后在6英尺（1.83m）的距离内，立即转变到用大脚趾一侧接触地面。如图7-3m与n所示。

图7-4 连接转弯（续图7-3）

动作介绍

这个序列中的活动已经在本章先前的部分中进行了详细介绍，下面是更深入的讨论。

动作细节（图7-4）

u至y：主动转换，从支撑腿和脚的动作开始。在动作过程中，身体的角度会发生显著变化。在滑雪教学中，围绕如何完成转弯这一阶段有许多讨论。

总结

我们必须认可新雪板的设计让这些剧烈动作变得可行。使用传统技术的雪板，必须在较高的速度下才能达到早期的雪板动作。身体位置会影响雪板的状态。顶级滑雪运动员接受尖端的训练后，具备足够的速度和力量，才能使用传统器材。现在，有经验的滑雪者在较低速度下同样能体验类似的动态滑雪。雪板很早就能受力，在雪面下切很深，你可以完全信任倚靠它。雪板很快就能开始小范围的弧形转弯，在w中，好像有绳子或力量将你拽上坡道，阻止你坠落摔倒。我知道学员信任这种力量。这样滑雪具有无限乐趣，并且不需要特别高超的运动能力。用本章展示的动作就能达到上述目的。

动作要点

·蜷曲支撑腿，让脚进一步向着转弯方向倾斜。
·伸直支撑腿保持平衡。

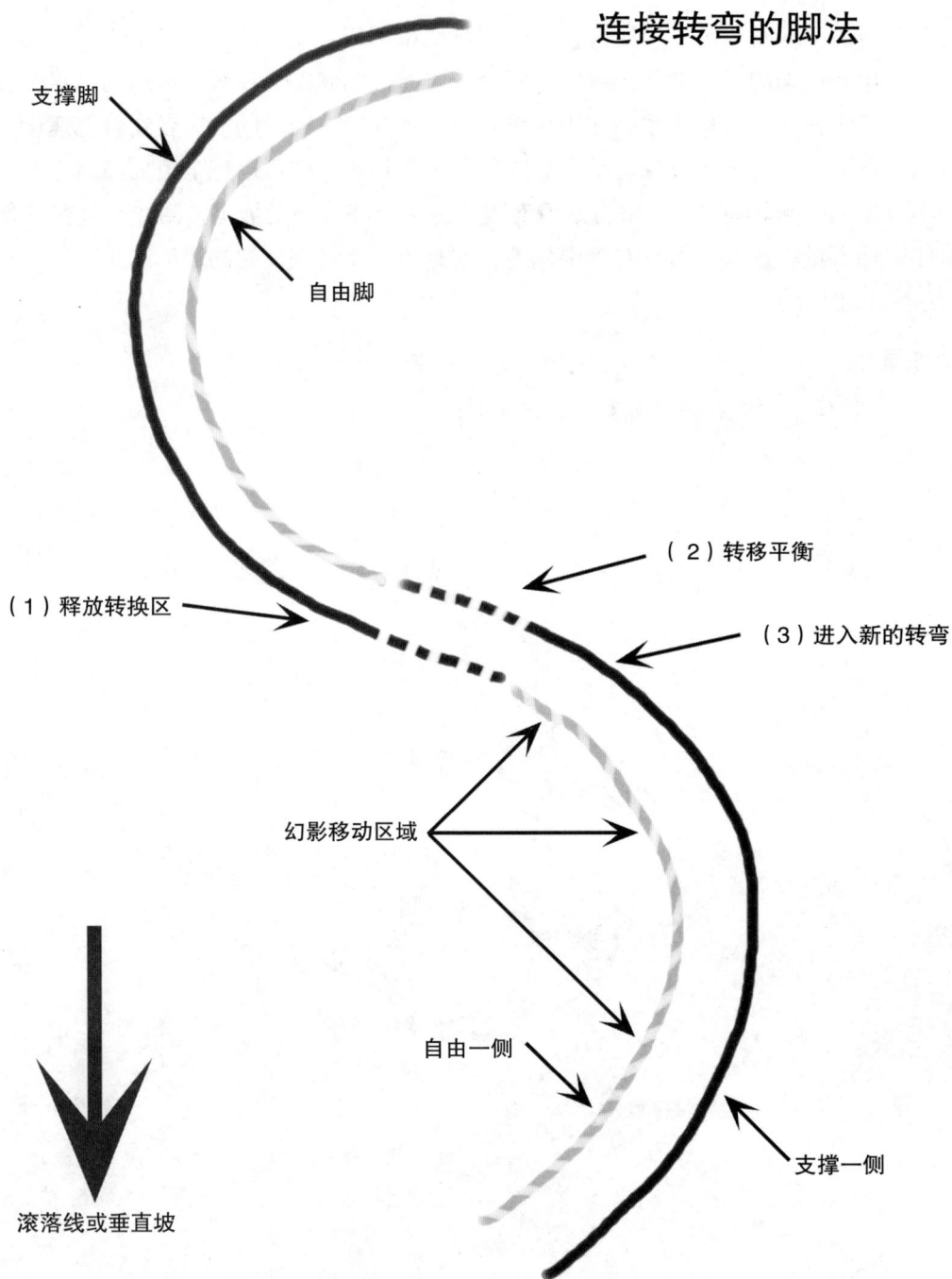

連接轉彎的腳法

支撑脚

自由脚

（2）转移平衡

（1）释放转换区

（3）进入新的转弯

幻影移动区域

自由一侧

支撑一侧

滚落线或垂直坡

第八章　连接小弯滑行

在我看来，小弯滑行是滑雪运动中最有趣和最多样的转弯。它们代表着活力与激情，需要估算时间、动作迅捷和协调性好才能完成。包括中级滑雪者，以及阅读本部分的许多读者在内都可以学习掌握。自从改进装备和引入基本动作教学系统之后，滑雪的技术门槛降低，小弯滑行动作就成了所有滑雪者都可以实现的目标。练习基本动作，熟悉幻影转弯，你就跨过了成功的门槛。除了动作连贯和在时间与空间上更为紧凑，小弯滑行和中等转弯几乎一样。

对高手来说，使用基本动作完成简单的小弯滑行，就有机会在以前从未考虑过的地形上滑雪。专家级滑雪者可以用幻影移动完成小弯滑行，或者用全新方法尝试这种转弯。正如同中等转弯的方法引发了切割转弯的革命一样，使用我的小弯滑行方法，你的滑雪技能会有全面提高。小弯滑行是跳包、窄陡雪道、粉雪和弯道滑雪等若干滑野雪场合的基础。在第10章中，用小弯滑行应对跳包和粉雪的技术将被测试。

新式雪板会给那些采用旧式动作习惯的人带来挑战。我说的"旧式"，是指传统的滑雪教学系统。同样，基本动作并不是新鲜事物，只是它从未被认为是学习滑雪的主流方式。现在，有了"抛物线"雪板，要想让雪板全部发挥其特色功能，就必须使用正确的技术。在使用"抛物线"雪板时，水平动作是基础，新式、旧式、传统、革新，不论名字或起源如何，目的都是让滑雪者们知道"抛物线"雪板能够提供有效的滑雪技术。谁也不想浪费钱财和时间去学习没有效率的形状雪板使用方法。"抛物线"雪板是设计出色的产品，能让你用过去只属于顶级运动员的方法去滑雪。现在，多数滑雪学校教授的技术无法让形状雪板发挥全部作用。这就是我为什么要写这本书，并将它称为"抛物线雪板的说明书。"

小弯滑行的连接

8-1 平稳短半径转弯

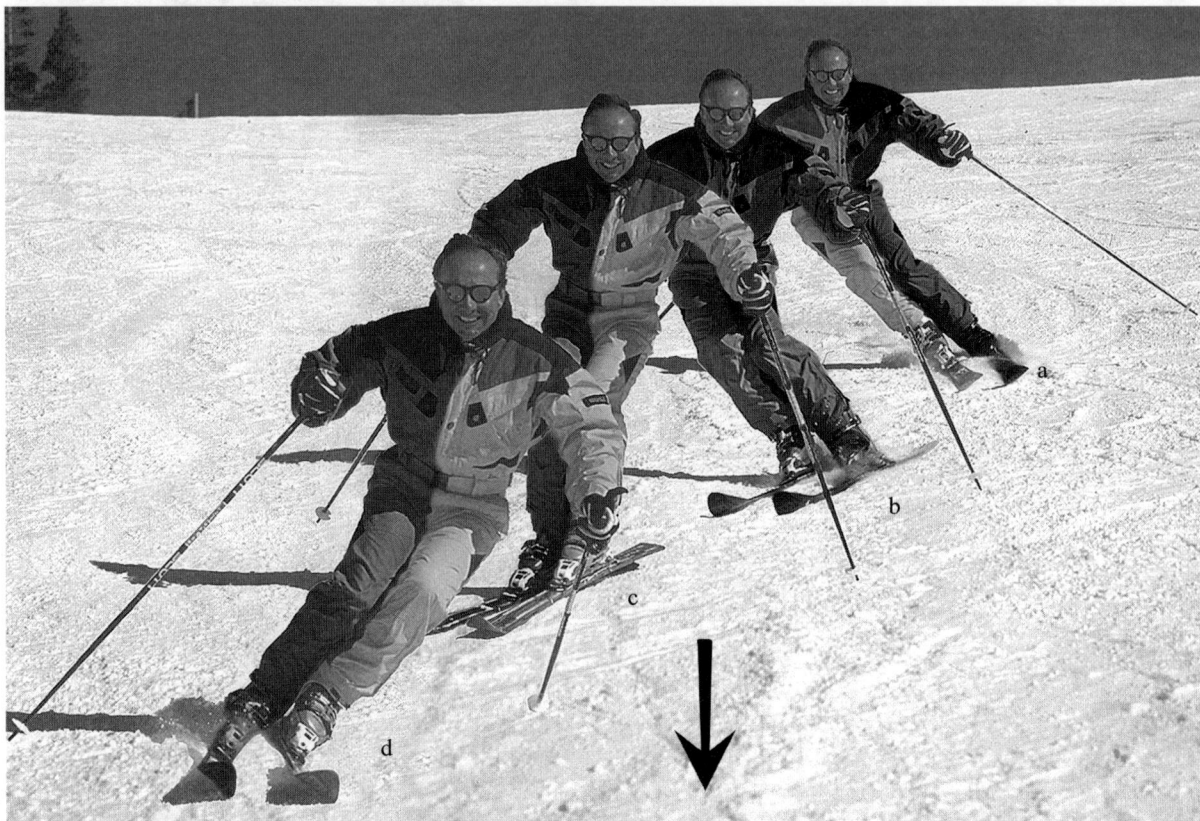

图 8-1　短半径转弯的转换

　　图8-1展示了中级道上的小弯滑行：经典、优美、节省体力。这就是平稳的小弯滑行，它与稍后介绍的半径缩减急转弯形成对比。平稳短半径转弯的好处在于你不需要费太多力气，就能一次连续完成二三十个动作，或是直到坡道的尽头。在这里使用的动作将为利用雪板的天然转弯半径奠定正确的基础。使用效率最高的动作，借助速度和能量完成转弯。没有必要考虑特别的身体姿势。从脚开始动作，让全身的动作链条决定剩下的一切。

动作介绍
放松并抬起支撑脚完成释放动作。倾斜新的自由脚来进入转弯。

动作细节（图8-1）

a：这里展示弯道的底部。在弧形轨迹的这一阶段开始准备进入下一个转弯。

在a中，支撑脚（右脚）仍旧产生对雪板的压力，来完成转弯。

b：准备朝另一方向推进。只要放松腿部肌肉，重力就会帮助你的身体从雪板的上方移动到下方。顺应重力，用放松来完成这一转换。想象在身体中部，也就是我的腰带扣的位置有一根绳索。这根绳索向图中箭头的位置拉扯。让重力沿着箭头方向作用，放平支撑脚板刃角度，来完成这一步骤。

c：在进入下个弯道时，抬起支撑脚。

d：向小脚趾方向倾斜自由脚雪板。

总结

在b中，自由脚在雪面上，不过它只承担极少的体重。在b到c之间的转换过程中，它会成为新的支撑脚。这是在一段很短距离中完成的快速动作，你可以通过双脚的敏捷训练，练习和强化这一快速转换动作。例如，在缓和坡道上练习连续的幻影移动，而不必多次改变方向。基本动作教学系统关注通过小肌肉群和小动作来实现重要的滑雪动作，完成这些动作将因此变得更为快速。大腿和上半身难以快速运动，涉及的身体部位越大，就越难控制、调整和停止。

想象b中的支撑腿消失。事实上，当你放松这一支撑腿的肌肉，将脚从雪地上抬起时，它就不作为支撑腿和支撑脚而发挥作用了。一旦原有的支撑脚消失了，新的自由脚就要充当支撑脚。它会在保持向小脚趾一侧倾斜的条件下，保持身体平衡，成为支撑脚。支撑脚消失，重力就会让身体转弯，导致自由脚的倾斜角度改变，从小脚趾一侧转变为向大脚趾的一侧——成为新的支撑脚。用新的支撑脚和重力的作用完成幻影移动，用新的倾斜完成进入下一个弯道的转换。

保持中正位置

只需要很少的调整，即可保持站立在雪板的中正位置。继续想像有一根绳子将你拽向重力作用的方向。如果用腘绳肌来将脚保持在身体下方，会是怎样的情形？绳子将身体拉向重力的方向，让髋部超越脚的位置。在转弯的转换阶段，保持脚的位置不前移，让身体处于雪板的中正位置。

动作要点

· 释放并转移到新支撑脚的小脚趾一侧。

· 使用新的自由脚和幻影移动，让新的支撑脚向大脚趾一侧倾斜。

· 在转换时，让双脚位于身体下方。

8-2　急转弯

图 8-2A　在中级道上的连接短半径转弯

　　这一系列照片展示了动态转弯过程。从陡坡开始，半径逐渐减小，在渐渐缓和的坡道上停止。急转弯在许多场合都很有用，尤其是在通过雪包和陡坡时。影响半径递减的短距离转弯的因素有二个：正确的动作与正确的装备组合。正确动作包括增加对雪板的压力，以及完成快速的水平方向动作；"抛物线"雪板和水平雪靴的组合带来了装备性能的进步。

　　装备对中等或短半径转弯时的成功、切割轨迹和动态很重要。必须根据滑雪需求来选择合适的雪板和雪靴。雪板的形状和弹性、长度和宽度决定了转弯时的滑行距离。雪靴必须能把水平动作和能量直接传递给雪板。市面上有无数的雪板和雪靴，必须选择符合动作要求的合适型号。了解如何挑选合适的雪靴十分复杂，看上去相似的雪靴也许有很大差别。本书的第12章就是关于姿势调整和装备的内容，其中有如何选择装备的方法。

动作介绍

大幅度抬脚和倾斜，完成动态小弯滑行。

动作细节（图8-2A）

a：用雪板的弯折完成转弯。

b：放松腿部肌肉来释放雪板。收缩腿后方的腘绳肌和髋部前方的臀屈肌来缩短支撑腿（左腿），抬起它，让它成为自由腿。

c：这里必须完成一次有效的幻影移动。

d：在支撑脚做动作之前，让自由脚先向一侧倾斜。先不要理会支撑脚。从倾斜自由脚开始，让支撑脚的动作稍有滞后。它稍后也会向一侧倾斜。一旦支撑脚启动倾斜动作，很快形成大角度。支撑腿（右腿）应当伸直，保持与雪地之间的接触，上半身进入下一个弧形轨迹的中心。这样就能产生保持伸直和动作正确的支撑腿。于是就具备了短距离动态转弯的所有条件。当支撑脚雪板倾斜并接地时，收缩支撑腿的肌肉，保持伸直不打弯。压力会马上传递给雪板，雪板随即发生弯曲，让你进入急转弧线。

e至g：注意我的身体的中部是如何向转弯内侧倾斜的。不过，上半身依旧保持垂直或水平，在姿势脚一侧形成反C的形状（如箭头所示）。能够让上半身做出这些动作的方法，请见第9章中的"用雪杖"。注意自由脚雪板的小脚趾一侧接触雪地，而支撑脚雪板的大脚趾一侧保持支撑和平衡。

h：在转换进入新的弯道时，保持两支雪板具有相同倾斜角度。让新的支撑脚先行运动（右脚）。它向右侧的小脚趾一侧倾斜，完成右转。本图中，在通过一个小雪包时要求雪板在离开雪地时改变倾斜边缘。

i：当支撑脚雪板放下时，它的边缘已经准备好作为支撑，开始下一个切割弯道。

总结

前、后平衡

在a中，相比更早的练习动作，我的腿弯曲程度增加，身体也稍稍更向前倾斜。不要把向前倾斜和让胫骨靠近雪靴前方相混淆，这是滑雪运动中最容易被误解的概念。我从不把胫骨紧贴在雪靴前方，因为这样会牺牲保持平衡和雪板的性能。我只是在通过弧形轨迹的某些阶段，让脚更加接近髋部下方，让雪板的前方承担更多运动。收缩腘绳肌，让脚回到身体下方，可以让髋部相对脚的位置前移。这一动作能让雪板宽的形状前端保持在雪地上，同时让雪板向坡道弯曲。

"抛物线"雪板更短，如果将力量作用于前方，那么尾部就会被释放。比起传统雪板，对"抛物线"雪板的前方用力不那么重要。缩短的长度让"抛物线"雪板对向前的重量偏移极为敏感。因此，只需要用脚的跖球部位施加很小压力，就能让转弯半径缩短。在陡坡上，这点更为明显。最好的建议就是用脚的跖球部位稍稍施压，用脚的中部附近和雪板去保持平衡。我用先前讨论过的前、后向控制动作，抬起自由脚雪板的后方，自由脚在倾斜时后移并保持在髋部下方。这些动作能满足你的99%的对向前施加压力的需要。

不，向上不是必要的！

在小弯滑行时，你没有足够时间去让处于较高位置的身体降低高度，完成转弯的转换。在释放点收缩腘绳肌和内收肌能保持腿的弯曲，让髋部横向，而不是向上移动。

在平衡状态下进入新的转弯，需要保持支撑脚和腿相对稳定。多数教学系统关注支撑腿在转弯时的动作。基本动作教学系统使用完全不同的方法！在切割过弯时，支撑脚和腿的作用就是支撑。

在这一部分的介绍中，我们讨论了用释放动作来抽离姿势脚一侧的支撑。自由脚"接管"支撑。身体继续保持直立，自由脚承担全部支撑，同时仍以小脚趾一侧接地。这样才能实现转化。有意识地使用基本动作能训练身体尽快产生转化动作。一旦使用动作链的信号被发出，你就能用正确的顺序完成正确的动作。

图 8-2B　图 8-2A 中的连续连接转弯

在自由脚变成支撑脚后，下一个动作就是伸展。在髋部向转弯方向移动时，用这个动作延长腿。支撑腿需要主动伸直，来保持与雪地的接触；但是，在这一阶段，它还不需要主动发力去推动或伸展对雪板或是地面施加作用力。让雪板轻轻掠过地面。在转弯的这一阶段，身体只是轻微发力，因此，没有理由去将很大的力量强加在雪板上，或者让支撑腿过度主动。只用自由脚进行微调就可以了。

除去放松释放，在转弯过程中，支撑腿最活跃的时刻就是在弧形轨迹的中部时。在这一阶段，力量开始积蓄。支撑腿应当保持长度不变来抵消外力。如果肌肉收缩负担力量不足，腿就会屈从于外力和变短。如果你想在力量积蓄前才让支撑腿变长，就要逆反外力。在转弯的底部，外力会变得强大和沉重，如果没有准备好抵御它，就很容易屈服。如果屈服于外力，弯曲腿会导致雪板中能量继续被损耗，最终以水平转弯结束。通过保持雪板弯曲切割地面蓄力，而不要让腿发生弯曲或缩短。

在转弯的底部，在开始释放动作前，腿部的肌肉立即变换角色。从推动雪地、抵御弯曲，转为放松和释放。在过长距离弯道时，释放可以是缓慢渐进的，通过放松来释放。在过短距离弯道时，动作要更为剧烈。在特别短的弯道，释放是如此迅速，支撑腿和脚必须快速完成幻影移动。

数年来，滑雪者们被告知，要想开始转弯，腿的方向必须改变。要改变腿的方向，就要弯曲腿。但在转弯开始时就弯曲腿，会使支撑腿的支撑作用消失，无法产生让雪板弯曲的压力。此时拐弯会发生滑动，而无法通过卡宾动作完成。只有到很晚的时候，当雪板在坡道的底部，且前端对准滚落线时，才能让它受力。更别说滑过雪包的难度了。目前在向"抛物线"雪板用户教授滑雪的课程中仍然有无效的支撑脚动作。而基本动作能让形状雪板完成小弯滑行。显然，基本动作教学系统为那些想要改进滑雪能力和拥有新式雪板的人提供了一种选择。以这些动作和有效的小弯滑行为目标，我们几乎可以完成过雪包，只是还欠缺一个要点——正确地使用雪杖。下一章将予以介绍。

动作要点

· 放松支撑腿，让它快速转换角色。

· 收缩新的支撑腿的肌肉。

· 倾斜自由脚，并弯曲自由腿让它变短。

· 伸直自由腿，保持与雪地的接触。

第九章　雪杖的使用

　　本书始终都在强调手臂和用雪杖的重要性。本章介绍用雪杖的动作。多数滑雪者花了很长时间才学会用雪杖。因此，我们见到了太多的"暴力使用雪杖"。你不用去广泛搜集证据，在滑雪场搭乘一次缆车就能看到不少例子：像拳击手一样摆臂，双手在侧向牵拉，在雪地里来回搓碾，弄得雪片乱飞。当你报班学习如何滑雪时，只有很少时间被用来教授如何正确使用手臂和雪杖。教员们首先把注意力放在让学生们下山。一旦他们开始滑雪，就几乎不会反过来指导如何使用雪杖了。在滑了一阵子后，你的新目标接踵而至，你对滑雪的动力也有了变化。你也许想尝试平行滑雪，或是尝试刺激的"黑道"。在提高水平的同时会暴露短板。其中最常见的一项就是如何用雪杖点杖。

　　正确的点杖技术能把转弯连接起来。而错误的技术会阻碍平行连接转弯。当手和手臂处于正确位置时，即使不用雪杖作为辅助，也能取得很大进步。使用新型的边缘切割雪板减少了过雪包时对雪杖的需要。一些使用"抛线物"雪板的先驱人物干脆不用雪杖。必须承认，采用带刃雪板而不用雪杖确实能享受一定的自由；尤其是那些不超过1.7米的雪板。随着立刃风格的发展，最近又有了新的滑雪选择。超短的带刃雪板就是其中一个例子。不过，在粉雪、碴雪、雪包、陡坡和冰雪等场合，雪杖依旧是不可缺少的。出于这些原因，我们会详细介绍如何点杖。

在本书中，我尽量避免使用"纪律"和"作业"两个词。我不想让读者感觉滑雪像是一项课业。既然你喜欢上了滑雪，并且坚持阅读到现在，我可以把原来不想说的话说出来了。滑雪行业想把关于滑雪的一切都描述成趣味，而不把它与应当在家完成的"作业"联系起来，尤其是你在滑雪度假时。最常用的说辞就是"来我们这里滑雪吧，一切都饶有趣味，你自然会在魔法作用下学会滑雪的"。为了体验滑雪的感觉去滑雪很有趣，但是，如果不能享受能力提高的乐趣则会带来更多烦恼。我的经验是，掌握任何技能都离不开专注、用心和投入。要想获得成功就必然付出努力。如果你在开始滑雪时，按照本书开头描述的那样使用手臂动作，并且有意维持这些动作，那么你就在成功的路上了。否则，这里的动作需要花费更多心思才能掌握——精神上的努力或者"作业"。

如果你具备极好的滑雪杖触地技能，就能获得很大益处。触地可以提高平衡能力，让你在有难度的雪地环境和地形上也能自信地滑雪。当用雪杖技能与进入新弯道的释放动作、身体动作结合时，就能找到联系身体动作与连续下坡动作的感觉。

9–1 自由脚一侧使用雪杖的方法

在第一个练习中，要形成手的有力位置。从最基本的手位置，或是基础开始，其他手与杖的活动才能富有效率。如果你早就用雪杖触地，请把图9-1a作为起点。如果你还没有用雪杖触地，请从图9-1b开始。本练习中提到的手与杖的位置与动作也适用于其他滑雪场合。如果你想尝试障碍滑雪、雪包或是粉雪，这里的基础能带给你优势。图9-1的重点是位于较高位置的手，或自由手（右侧）。自由手与自由脚位于身体同侧。手的动作能帮助身体建立相对于雪板和腿角度的位置。练习还可以提高上半身的感知能力，让上半身形成高速滑雪和光滑雪地所要求的角度。改进用雪杖和手的动作可以立即提高滑雪能力。双手展开分置在身体两侧并远离身体是控制身体位置和维持平衡的关键之一。你看任何精英滑雪运动员的照片，不论是世界杯，还是极限滑雪赛，或者山地滑雪赛，运动员的雪杖总是远离身体的。多数没有经过训练的业余玩家才会像鸡收拢翅膀那样让雪杖贴近身体。

图 9-1　点杖后，高位置雪杖的后续动作

动作细节（图9-1）

a：雪中点杖，完成转换，形成进入下一个转弯的支撑脚（左脚）。保持与弯道内侧的手与雪杖垂直触地时的把手相同的高度。在雪杖尖触地后，尽量保持长时间接触地面。弯道内侧的手前移，超过杖帽在雪地上接触点的位置。在进入弯道时，手要位于髋部的前方。这是关键动作，因为许多滑雪者在这时会放弃手的动作。

b：如果你还没有开始用雪杖触地，注意从b以后的手的位置。保持双手向前在腰带以上，双臂尽量宽展开置于身体两侧。

c：在进入弯道时，旋转手，让手背向上。手背向上时，杖杆就会指向身体外侧位于雪靴前方，防止手臂被牵绊。

d：在逐渐进入弯道时，仍要保持手背向上，开始让自由手向前伸出。在整个转弯过程中，注意杖尖是如何上坡以及如何与雪靴保持一致的。请记住，保持杖尖和杖帽与雪靴保持一致。

e与f：在山坡上转弯时，用雪杖推动前进。手背继续向上，雪杖把手顶端的突起指向对侧手。这一动作可以向前移动杖尖和杖帽。

g与h：如照片所示，本练习应该在中等半径、完整和圆形转弯场合进行。

总结

你要关注如何通过手臂动作来调整位置，但这不是一个僵化、固定和不变的位置。注意在图示中，以轻松的表情完成被作为重点介绍的动作。手臂一定要运动，来配合转弯的进度。

脚的动作最重要。确保自由脚完成所有倾斜和转向动作。当注意手的动作时，你很容易忽略脚。位置较高的雪杖可以被轻轻地拖过雪面，来反馈它的位置。

动作要点

· 用手腕移动杖尖。
· 将手的位置移动到用雪杖触地位置的前方。
· 手背向上，扩大杖尖的接触范围。
· 在转弯时让手向前移动。

9-2　支撑脚一侧点杖的方法

正确使用位置较低的姿势脚一侧的杖同样重要。不过，如果使用位置较高的雪杖的技术不好，位置较低的雪杖也无法发挥作用。只有掌握了正确的点杖手法，增加一个雪杖的接触点才会变得简单。再次说明：将双臂伸展以此来提高平衡感，稳定上半身。

简介

为了确定有效的手的位置，把雪杖把手的顶端想象成冰激凌筒上方仅有的一个冰激凌球。保持姿势脚一侧的手的位置，不让这个球掉落。雪杖的正确位置就是能够确保握住把手，不让"冰激凌球"掉落。

动作细节（图9-2A，图9-2B）

a：手保持在腰线以上。从自由脚开始倾斜雪板。

b：支撑脚一侧的手（左手）保持垂直持握冰激凌筒的姿势，在转弯时，支撑脚一侧的手腕向身体前方倾斜。

c：手臂的其他位置不动，通过移动手腕来向前移动杖尖（让拇指后方超过股二头肌）。让杖尖在雪地上轻轻划过。

d与e：保持上臂与肩部静止，让手腕做动作，手肘在必要时轻微弯曲。

f：开始点杖动作。它是进入新的转弯的开端。肘关节和腕关节向肩部收缩，向前挥动杖尖，准备点杖，此时肩部和身体没有动作。

图 9-2A　外侧用雪杖和后续的雪杖触地

（细节见下页）

g：伸展位置较低一侧的手臂，让杖触地，放开肘关节，并让它向坡道下方移动。

h：当杖接触雪地时，把它向下戳，这样才能建立平衡点。

i：让手向下移动，这只手是进入下一个转弯的引导。

j：将手臂移动到身体前方。用雪杖尖接触雪地来保持平衡，用触底位置作为向山坡倾斜身体的参考点。

图k自由一侧的手臂继续向前移动，保持作为进入转弯的引导。

图l姿势脚一侧的手（右手）开始慢慢向前移动杖尖，配合雪靴，准备好在下一个弯道用雪杖触地。

总结

对所有的雪杖触地动作，你应当只移动杖尖，用它准备和完成触地。所有的身体动作都来自手腕，个别时候来自肘关节。从手开始动作是应当提前培养的好习惯。只需要熟悉一些小动作就能顺畅使用雪杖。

只要观察两次滑雪动作，我就能看出滑雪者通过动作练习带来的进步。使用基本动作的人会立即有明显不同。即使在雪中，你也可以用手臂感受到雪杖带来的支撑。手臂和雪杖可以支撑你的体重。在第10章中的"雪包"部分，你会意识到这一技术是多么重要。当你经过雪杖触地的位置时，用手持杖向后运动。这只手必须配合你向前运动的速度。在雪地中的杖尖是你的身体唯一停留的部分。这时，手向前运动，否则就会滞后，或是被卡住。

动作要点

·手腕向肩部移动，点杖。

·用手腕挥动雪杖。

图 9-2B 续前页图

9-3　雪杖与手臂的正确位置

图 9-3　雪杖在转弯时的位置

　　在转弯时，弯曲腕关节，移动杖尖。如果没有这项技术，在完成转弯时会出现多余的摆臂动作。许多滑雪者缺乏用雪杖触地的技术，因为他们前后移动手臂和肩膀，来寻找杖的落地点。

　　在这里，可以用打网球来类比。在场上不慌不忙的运动员一般都熟悉挥拍动作，在跟随球跑的时候才挥拍。拖着拍子跑的人一定会大力挥拍击球，看上去毫无章法。滑雪也是一样，在转弯时始终要准备好用雪杖触地。

错误动作（图9-3a至c）

a：许多滑雪者都会在选择雪杖触地的时机上存在问题，如a所示。在转弯时，手臂与杖尖处于滞后状态。

b：最后一秒钟的雪杖触地紧急调整会使手臂向转弯方向做出快速动作。手臂的移动会干扰平衡，肩部动作则会阻碍进入下一个转弯。身体处于"锁定"状态，必须向外侧和周围挥舞雪杖，才能开始进入下一个转弯。

c：在雪地上找到如图所示的三角形。触地杖的杖尖应当在一边滞后，并且靠近雪靴。在本图中，雪杖的位置太过靠前，指向三角形中与雪板前端相连的边。肩、臂和雪杖都阻碍进入新的转弯。

总结

将上述姿势与本页的姿势做对比。正确的动作，是当杖尖触地时，肩部要打开，让身体能够向下一个转弯移动。

正确（图9-3d至e）

d：本图展示正确的雪杖触地位置是位于雪靴的下方。手腕和肘关节向肩部弯曲，向下看时能看到整个雪杖的长度，以及雪杖下方的触地点。

e：再看三角形，杖尖在雪地的位置应当靠近雪靴。

动作要点

·在过弯时，做好雪杖触地的准备。

d

e

第十章　高级滑雪

雪包滑雪

> "经过35年的滑雪生涯，作为一个自由滑雪的职业运动员，我认为我的雪包技术已经没有多少改进余地了。但是我错了。我遇到了哈罗德，他向我展示了基本动作教学系统，我更换了装备。我开始使用他的方法，这是我的滑雪生涯中滑雪费力最少、最有活力的时期。"
>
> 克雷格·麦克尼尔（Craig McNeil），前滑雪运动员、滑雪作家、教练

每个滑雪场都有雪包，有的甚至因雪包而出名，尤其是在科罗拉多州的一些雪场，那里有高山，还有松软的雪包。在科罗拉多的最初几年，我避开雪包，因为我感觉自己不再年轻。我想在接下来的日子里既保持高水平滑雪水准，又不透支身体。在过去的两年里，我改变了主意。我没有找到"不老泉"，但是我开始寻找雪包。

"抛物线"雪板改变了我的想法。这种新型雪板不要求用于更长、更直的老式技术雪板的费力、迅速和弯曲腿的动作。"抛物线"雪板的大角度边缘切割形状使得它在向边缘一侧倾斜时可以转弯。它的形状更短，因此不需要滑板那样的转弯空间。我试过170厘米的大角度边缘切割"抛物线"雪板（12~14米转弯半径），也试过183厘米的中等边缘切割"抛物线"雪板（16~19米转弯

半径）。有的滑雪者说，他们很难感受到用新式雪板在雪包上滑雪的快乐。我不是这样认为的。我觉得他们在雪包上就如同掉进泥沼里的金色寻回犬。如果你过度弯曲身体而不使用板刃，更短的新式雪板就会遇到尾部操控的问题。幸运的是，你在本书中学到的动作，能让你享受使用"抛物线"雪板在雪包上滑雪。我们先用慢镜头回放的方法关注如何使用这些动作，然后再去尝试打碎困难的"坚壁"。

当然，扎实掌握基本动作会增加雪包的乐趣。在雪包场地中，人最少的是进入窗口，因为多数人在搓雪侧滑。你可以早些完成转换，更好地控制雪板。

如果想掌握雪包技术，就要观察腿的扭转，才能熟练完成进入雪包的动作。

如何进行转换？很简单，减轻支撑脚的负重！使用这个动作，你可以面带笑容完成一次猫跳滑雪。首先，必须能娴熟控制速度。选择缓和的坡道，保持低速。在完成转换后，耐心不可缺少。让雪板完成转弯。在面对猫跳动作的高速时，许多滑雪者会吓得难以控制。不幸的是，你越是想用传统方法控制速度，就越是难以控制。在雪坡顶端抬起支撑脚时，你就控制了速度。用幻影移动完成任何方向变化。这里的奥妙是，你用进入弯道的那只脚保持了平衡。这种按部就班的办法是管用的，但是你必须信任它。如果你慌张地回到推动、扭转和搓雪的方法，就很可能要向后摔倒了。

我与无数的滑雪者一起研究雪包技术，他们最初的评价总是"为什么不是每个人都教授这一技术？"我的回答是："等等看，迟早会的。"不要幻想没有任何动作方面的准备功课就能达到下面几页图示中的雪包技术。如果你一直阅读本书，能够通过抬起和倾斜自由脚完成板刃的改变，那你就可以准备接下来的练习了。如果你是前来玩雪包滑雪的高级玩家，我会先教给你基本动作。

在经过最初的几次尝试，经历速度过快、跌跌撞撞和摔倒后，多数人会放弃雪包。我记得无数次指导滑雪教练通过雪包技术考试，达到考取证书要求的过程；这些考试的要求比他们的能力要高，他们使用的是在向公众教授的平地滑雪动作顺序。专家们也不常用那些在雪包课程上教授的动作。

10-1 缓和雪包的幻影移动

在雪包上转弯要比在平缓坡道上更容易，因为雪包顶部缺少雪板前后两端接触地面的空间。如果你在顶部弯曲和扭转雪板，它们很容易移动，尾部甚至会滑到下一个雪包的旁边。有更精准的方法吗？用渐进式进入，慢慢到沟槽中，让雪板从雪包的侧面切割，获得宝贵的速度控制。不要担心倾斜雪板，这很简单，我们应该主要关注控制。记住幻影移动，因为它在雪包上非常管用！即使你在空旷的坡道上从未完成过平行转弯，在缓和的雪包上你也可能第一次成功。

雪杖触地是雪包的成功关键。这就是为什么要在上一章节介绍它。双手永远保持在身体前方，所有的动作都是由肘关节和腕关节完成的。用雪杖和手的位置稳定上半身，使用下半身来完成转弯。

图 10-1　雪包上的幻影移动

动作介绍

站在雪包的顶端，雪板的首尾两段都离开地面，稍稍向前滑行，用幻影移动开始下一个转弯。

动作细节（图10-1）

a：让雪板在雪包的顶部上下晃动。将双脚置于身体下方，雪板开始向下滑行。不要让脚向前推，因为这样会降低髋部的高度，让整个人向后"坐"。

b：让雪板慢慢进入雪包的沟槽里。让自由脚向小脚趾一侧倾斜，两支雪板紧紧依靠，保持雪靴之间的接触。

c：让雪杖和雪包尽量长时间接触。在移动和进入凹陷地形时，用雪杖辅助平衡。自由一侧的手前移，越过杖杆，让它跟随身体前移的动作。

c

总结

当你抬起支撑脚，让它向小脚趾一侧倾斜时（让这只脚成为支撑脚），注意，当这只脚和它对应的腿在倾斜时，两支雪板应当尽量保持平行。有时，倾斜自由脚会让两支雪板的前端分离，尤其是在它们离开雪地时。每次练习一个雪包，直到你能够在两个方向舒适地越过雪包。只有遇到形状完美的雪包才能练习增加穿越路径。

仔细选择地形。有的滑雪场有专门面向新手的雪包雪道。也许这些地方的地形更为平坦，但是山上的雪包可能是最丑陋的。如果雪包不是在每天早上都经过维护的，那么它会被压实，变得坚硬，没有经验的人还会在上面留下各种滑雪痕迹。如果在初级雪包的雪道上都滑不好是多么让人沮丧。不过，这些雪道往往比专家级的雪包更难。找那些形状呈圆形、彼此之间又有浅浅沟壑的松软雪包去练习。

在雪包上站立时，双脚贴近。最高水平的职业级猫跳滑雪者能保持双脚并拢，如同一只脚一样做动作。在前面的章节中，我们讨论过宽站姿的奥秘。用宽站姿滑雪，水平最多也就是中级。在雪包上滑雪时，双脚分开就是灾难。

动作要点

· 在做动作前抬起自由脚。

· 倾斜自由脚。

· 将身体推离雪包，将脚收回。

10-2　连续雪包的幻影移动

任何级别的雪包滑雪都要将你学过的基本动作滑雪原则与判断和快速反应结合。雪包滑雪的关键是保持支撑脚雪板在地上。即使是中级水平，尝试控制速度，雪板的前端也可能从雪包顶端探出。想在离开雪包时保持接触，就要在转换的一瞬间靠近雪包顶部，雪板与雪地接触最少，摩擦最小；这一瞬间让两只脚都位于身体下方。

从下一页的图10-2B中，我们看到了雪包的全貌。在这片雪包，我们拍摄了这组动作。这片雪包是练习的理想场所，因为你可以在这里进行任意尺寸和范围的转弯。虽然我的转弯接近滚落线，但是用更大弧度的弯道轨迹，只要控制得当，同样可以完成。雪杖触地是关于雪包技能的重要部分。对手臂动作时机的判断能反映出对弯道转换时机的判断。如果想要在小范围内快速通过雪包，就要适当增加雪杖触地动作。

准备好雪包区域入口的"吸收"。我用"吸收"这个术语描述腿在摔倒前的主动动作。在进入入口前就开始弯曲腿来完成平稳转换。完成一个迅速的弯曲动作，迅速进入下一个雪包的入口。如果在入口的动作足够轻盈，就不会用冲击，没有冲击就意味着你会停留在雪地上。

动作介绍

在到达入口前就开始抬起和倾斜动作。在雪包的另一侧，使用幻影移动通过弯道。使用腿的弯曲和伸展动作来保持与雪面的接触。在改变支撑脚时，用雪杖触地来估测平衡。

动作细节（图10-2A）

a：伸展支撑腿，弯曲支撑脚雪板。雪板一旦发生弯曲，就可以继续发力。自由脚弯曲抬起，位于躯干下方，并接近支撑腿，但是要离开雪地。肘关节与腕关节向肩部弯曲，让杖尖向前移动，准备接触地面。

b：雪杖落地，在雪靴到达雪包的边缘前，将平衡转移到新的支撑脚。用雪杖触地建立平衡，协助完成新的支撑脚转换。在雪板接触雪包的沟槽时，放松双腿，避免身体向脚跟方向移动。

c：继续用雪杖，抬起自由脚，让它向小脚趾一侧倾斜。弯曲新的姿势一侧的手臂腕关节和肘关节，将雪杖前移，准备好杖尖触地。让自由脚弯曲并保持在身体下方。用内收肌的用力收缩保持腿的抬高姿势。让支撑脚轻轻接近雪包路径的入口，在脱离点防止它压住入口。

d：在伸展姿势脚的同时，继续倾斜自由脚来保持与雪面的接触。这时不应有雪板的扭转或转动。让雪板接触雪包的较低一侧，雪板会改变方向。

图 10-2A　a 是雪包上不明显的幻影移动；c 是新自由腿为了向小脚趾一侧倾斜的过分弯曲（弯曲与缩短）

动作细节（图10-2B）

e：这是进入另一个弯道的转换点，与a类似，让杖尖在身体前方落地。雪杖落地，支撑转换，同时帮助吸收沟壑的冲击。进入沟壑时，伸展双腿，并弯曲双腿，做好在进入下一个雪包的入口时进行"吸收"的准备。

f：用雪杖触地来稳定上半身。新的自由脚已经离开了雪地，准备好向小脚趾一侧倾斜。再次说明一下，这是简单的幻影移动。

g：集中精力，迅速倾斜自由脚。在到达雪包的入口前倾斜自由脚很重要。除了吸收和伸展，保持支撑脚的被动状态。许多滑雪者用支撑脚的主动动作，结果导致雪板前端或后端相交。

总结

在雪包上保持对支撑脚的耐心。注意图10-2A中我的支撑脚如何迅速切割雪包的较低一侧。如果你转弯，或是重新找方向，就会让动作失序。支撑脚雪板只能用于在雪包的后侧滑雪。如果你在到达雪包后侧之前就扭转支撑脚的雪板，就会造成人板分离，雪板独自冲向沟壑。所有作为进入下一个拐弯的准备的雪包动作都应当在沟壑进行。在雪板前端到达雪包入口、离开地面前，就要保证转换支撑脚。

也许你想不到，在雪包中的转弯与本书中其他转弯使用相同的基本动作，区别就是你更需要用双腿来保持与雪场接近。你需要收缩腘绳肌的动作，让双脚保持在髋部下方。这对保持前、后平衡非常重要。通过收缩腘绳肌，你可以将双脚保持在身体下方，阻止雪板从脚底下滑出去。

雪杖的位置也很重要。雪杖的位置由手臂的动作决定。为应对猫跳滑雪，要进行关于手臂动作的练习。

动作要点

·在遇到沟壑时，弯曲腿来吸收冲击。

·在雪包的入口处释放和转移。

·用雪杖来保持转移时的平衡。

图 10-2B　用雪包滑雪动作连接转弯

高级雪包滑雪

　　快速雪包滑雪，可以有多种形式。与8岁的比尔·克里格（Bill Kerig）等高水平猫跳滑雪运动员一起滑雪，我发现了关于雪包有多种方法。比尔是很特别的运动员，他表现出了速度和力量。在通过弯道时，他的动作非常熟练，犹如一条蜿蜒移动的蛇。他使用巨大的力量，将雪板按压在地上。用大腿吸收通过下一个雪包的冲击。他总是选择高速直线通过，看上去并不关心坡的大小和角度。也许我也能来上这么两趟，不过，我宁可把这样的机会留给后面的20年。我让比尔教我动作，他给了我一些建议。现在我知道了，如果你想维护膝盖和脊柱的健康，就不要经常尝试雪包滑雪。雪包滑雪运动员的水平高超，专门练习这种技艺。他们的技术有许多值得借鉴之处。关于雪包滑雪，都有什么建议？我开始向一些我敬佩的运动员咨询。他们能在任何条件下熟练滑雪，例如世界极限滑雪冠军吉姆·雷奇汉姆（Kim Reichhelm）就是这样一名运动员。从她12岁起我们就认识，我在蒙大拿州（Montana）的斯塔顿山（Stratton Mountain）教她滑雪。那时，她还在为入选美国队而努力。她擅长各种地形，尤其是没有被滑过的场地和陡峭雪包。她使用雪包来转向和控制速度。她的滑雪能力大多来自她的运动天赋，不过，她也懂得运用头脑来正确使用腿和脚操控雪板。我们来看看顶尖运动员们那些毫不费力就能运用的雪包滑雪技能吧。

下页进入动作过程

10-3 高级雪包滑雪技巧

a   b

图 10-3 高级雪包滑雪

动作介绍

这组照片是在黑道上拍摄的高速滑雪场景，这里展示了雪包滑雪的技巧。不过，这里展示的不仅仅是正确动作。为了使用这种过雪包的方式，必须让动作成为本能。这与开车类似。当一条狗突然跑到路中间时，并不需要"用脚踩刹车"这样的命令，而是自然发生的。如果所有动作都能提前计划好，雪包滑雪的动作就会固化。到时即使没有计划或练习，你也可以完成。不要担心，在"固化"和失控之间还是存在平衡的。当训练与经验同时结合时，就能完成高级雪包滑雪。

动作细节（图10-3）

a：向前看，在进入下一个雪包的入口前做好准备。想象如果要保持与雪地接触，该采取什么动作。通过重复练习，释放支撑脚并将自由脚踩在雪地上应当已经成为本能了。

b：屈腿并倾斜自由雪板，只移动身体下部。从肩部到髋部的上半身保持中正姿势。使用腘绳肌来牵拉和保持脚的位置，防止脚过分前移。用手臂的动作来维持身体平衡，几乎不需要肩部动作。

c：这里的坡度很大。伸展腿，维持自由雪板的倾斜，让双脚保持在身体下方，直到实现接触。然后放松腿部，吸收冲击力。

c

总结

丰富的雪包滑雪体验，对以后成功实现雪包滑雪十分重要。首先要记住正确的滑雪技术，不要贸然去尝试未知。推荐先完成两三次成功的转弯，再尝试更多；而不是冒着强化错误动作的风险，尝试一系列高难度的转弯路线。

不过，无论到哪儿，都能看到后者在不断发生。教练与指导者应当对错误动作的累计强化负责。我在他们身上就发现了这些错误。他们很容易在大强度的重复训练或是复杂地形上强化错误动作。要想成功，渐进提高地形难度是最好的方法。应当在短道上练习滑雪并有所收获。在开始时，在每一个雪包停下，调整适应下一级别的难度。我经常减速滑行来研究雪包的形状和分布，以此刷新对雪包滑雪的认识。这种训练强化了我对坑洼不平的雪包场地的感知。

动作要点

· 释放，预判地形要求。

· 收回并弯曲腿。

10-4 粉雪滑雪

粉雪滑雪

本部分是建立在用"抛物线"雪板或者宽雪板进行粉雪滑雪的前提下。只凭这一点，粉雪滑雪时的乐趣就会增加不少。在滑雪中很少有"绝对"，但是你必须记住：在没有这些新技术雪板之前，先不要尝试粉雪。

释放动作越早越好，这是所有高水平滑雪的前提条件。许多使用其他教学体系的人，也在谈论早做释放动作，但是他们并没有把这一理论教授给娱乐滑雪者，或者资深滑雪者。就连竞赛级运动员和顶级教练，有时也会为早做释放动作发愁。

有趣的是，另外一些精英滑雪者，懂得早做释放动作的价值，并且传授这一技能。我通过《滑雪》（*Skiing*）杂志的比尔·格鲁特（Bill Grout），认识了极限队（Extreme Team）的罗博（Rob）和埃里克·迪斯劳瑞斯（Eric DesLauriers），我们很快熟悉起来，谈论着阿拉斯加的高山和粉雪。最让我难忘的是他们关于滑雪技术的哲学。在参加极限杯（Extreme Cup）期间，他们使用基本动作方法作为指导。他们称呼动作的名字可能不同，不过本质是一样的。他们体系的最大特点就是强调早做转换动作。

我们看看早做转换动作。大家了解最多的是"重量转换"，这个词语也让我迷惑。我还见过这样的滑雪者，他们说正在减体重。"转换"在许多章节中都被提到，我们也说平衡、支撑、姿势转换、当然说得最多的还是"转换"。这些词语最适合描述你在做或试着做的动作。如果你能在转弯的底部完成放松和释放动作，就能尽快完成转换。你的动作必须够快，才能为进入下一个转弯做好准备。地形、转弯形状和速度都会对选择放松和释放的时机提出要求。转换应当是释放动作的结果，或者二者紧密相连，结果就是产生了新的支撑脚。如果在进入新的转弯前没有建立起平衡，就太晚了，你会在转弯的底部冲出去，或者打滑。错误动作会自我强化。如果不从转弯开始时就采用基本动作，就无法做到连贯。

精确使用基本动作，对高水平滑雪更加重要。面对一条有着深厚粉雪的陡峭雪道，更是如此，如犹他州的雪鸟（Snowbird）滑雪场。你在加德雪道（Gad Chute）的顶部，看着完美的还没被涉足的粉雪。你非常激动，充满期待，同时心中还充满了惊恐不安。你头脑中有一个声音，提示你的粉雪技术并不可靠。你尚能应付最初的几个拐弯，但是随着速度逐渐加快，就不能继续保持从容了。你想："让雪板转弯！"一会儿，你的两支雪板分别指向两个不同方向，你在雪地上摔倒了。这是你没有掌握粉雪技术的又一证明。

这一思考过程足以让你滚成雪球摔下雪道。正确的思想才能引发正确的动作。你必须记住正确的想法，也就是那些能带来顶尖表现或超越你目前能力的想法。

很明确的一点是，如果你想在"专家级"的地形上滑雪，心理状态也是成功的重要因素。让我们记住它。但即使你有世上最好的态度，如果你的动作没有达到与之匹配的水平，也是无济于世。我记得几年前有一本书，内容是用"禅"的方法去滑雪：冷静滑雪的心理方法。寻找自我、了解内在，更好地滑雪。我知道滑雪竞赛运动员的经验是在做出决策前，先将正确的信息储存在记忆中，这非常重要。如果记忆的信息有误，就可能遇到麻烦，尤其是在面对挑战时。理解和会将正确的思考策略和方式与正确的动作信息相匹配，能带来巨大力量。我们来探索能够在粉雪滑雪时带来信心的动作，发展过硬的粉雪技术吧。

用基本动作滑粉雪的第一个原则就是让双脚的水平间距尽量变小。对一直按照本书中的方法进行训练的人来说，这不难。在做每个动作时，两支雪板应当被看作"合二为一"。如果能将雪板作为一个整体，那么就能始终拥有完全的控制能力。在一些下大雪且积雪的地方，单板式滑雪受到欢迎的一个原因就是宽阔的雪板能让你轻松快速到达粉雪的顶部。新型的"抛物线"雪板与粉雪密不可分，因为它们也有同样的特点。

本书图片中的粉雪，只有6～8英寸（15~20厘米）的厚度。这样才能看清如何使用雪板和脚。在更深的粉雪中，技术也是同样的。连续滑粉雪的理想条件是雪深6～8英寸，雪下的地面结实，呈沟壑状。

粉雪滑雪技术，与我们学过的立刃和雪包滑雪有哪些区别？答案很简单，动作都相同，下面来看看它们的细微差别。我们从描述图片中的动作序列开始。这一系列动作的转弯距离短，并且联系紧密。一个转弯紧接着下一个，因此主动用雪杖是联系这些动作的中心。

动作细节（图10-4）

a：在转弯的顶部，用手腕准备下一个雪杖支点。

b：肘关节弯曲，准备将杖尖插入雪地。开始逐渐放松双腿，保持肌肉紧张。放松双腿意味着开始释放，向下一个转弯的方向移动身体，减少两支雪板的受力，让雪板前端来到雪地表面。

c：雪杖接地的动作与雪包滑雪时一样。将它插入雪中，手经过雪杖正上方向前运动，跟上身体前进的动作。身体保持在雪板中部，但是通过放松双腿来降低高度和蜷缩姿势。这与经过雪包的顶部和落地吸收雪包边缘冲击的姿势类似。放松双腿的效果，与雪包滑雪时相同：减轻雪板受力。受力小的雪板才更容易向转弯的方向倾斜。在转换时，让两支雪板均匀受力，让它们像一支雪板一样运动。

d：这时，让双脚、脚踝和双膝靠近，让两支雪板同时进行水平方向的倾斜。双腿贴近能立即改善你的粉雪滑雪技术。并拢腿的动作产生了平衡稳定的身体姿势，帮助两支雪板协同运动。用插入雪中的雪板和它对应的手臂来协助稳定和平衡，减轻自由脚（右脚）的负重（或稍稍抬起），完成幻影移动。双膝之间不要有任何空间。并拢的双脚、脚踝和双腿，协助完成了倾斜动作和幻影移动。当快速完成这些动作时，自由脚雪板的前端有时会露出雪面，但是露出的时间只有一会儿。因为到达下一个转弯时，两支雪板所受到的压力又是相等的。

e：自由脚对应的腿继续倾斜和弯曲，比支撑腿更短。支撑腿伸展接触雪地，身体向弯道内侧移动。自由脚和雪板必须引导向转弯方向的倾斜，不能阻碍动作。如果自由脚的倾斜不及时，就可能导致两支雪板的前端交叉。在滑雪时，雪板前端交叉的原因，是位于外侧、向下运动的支撑脚雪板过于主动。注意，自由脚一侧的手臂，早已经在引领转弯的位置。

f：两支雪板都弯曲，在雪地上切割留下清晰的印记。这个转弯结束，开始进入下一个。雪杖的动作是转弯的准备。弯曲手腕和肘关节，准备雪杖触地。

g：双腿已经开始放松，身体重心从上向下接近雪板。雪杖触地时不能慌乱。

h：现在，身体完全位于雪板正上方，支撑脚完全释放，离开雪地。双腿依旧紧贴在一起——这是粉雪滑雪的第一原则。当双腿并拢的姿势正确时，应当感受到双膝完全并拢。双腿的放松动作，减轻了对重力的抵抗，让身体沿着重力作用方向运动。我从未尝试放平两支雪板，或是让膝盖向下一个转弯运动。一切都是自然发生的。在滑粉雪时，基本动作系统节约了大量的体力，这是通过消除上下方向的运动以及抬起雪板进入下一个弯道的过程实现的。

总结

当你最初接触粉雪时，把握动作时机有时非常困难。我告诉滑雪者们，做一些弹跳动作，来找到对雪板性能的感觉。弹跳动作让腿部从弯曲变成伸展，在伸展时，将雪板按在雪中；在弯曲

图 10-4　在粉雪上的连续转弯

时，将雪板带到雪面上。这种动作让滑雪者们明白雪板如何对压力产生反应。

沿着粉雪直道尝试这一练习，体会雪的阻力。而后，继续下一步。减轻自由脚的负担并向小脚趾一侧倾斜（幻影移动），伸展支撑脚，开始一个不太明显的转弯。记住滑粉雪的第一项原则：双腿并拢。你的方向会有所变化，但是不会变化太大。现在弯曲双膝，尤其是支撑腿。让身体更加接近雪板。这样就能沿直线滑雪了。下一步，交换支撑脚，完成幻影移动，用同样方法向另一侧转弯。

在滑粉雪时，有两个重要移动。幻影移动，让雪板从一侧向另一侧倾斜，以及转换动作，从一只脚到另一只脚。把这种从脚到脚的动作，想象成在雪板之间分配和平衡体重的游戏。当对雪板底部施压时，你就能有这种感觉。如果两支雪板受到相同的压力，它们会在雪面上处于同样的水平状态。如果一侧受力较大，它就会下沉。当一侧雪板受到的压力减小时，另一侧受到的压力就会增加。受到压力较少的雪板，一旦倾斜到理想的角度，又会重新受到压力，结果是产生卡宾动作，让两支雪板作出同样的动作（如图f所示）。只有在释放到转换阶段，两支雪板才应当承担不相等的压力，否则，你应当让每一侧脚都承担相等的压力。当你能更熟练地应对压力的变化时，就能达到理想的50∶50分配比例。如果在释放和进入转换时能达到60∶40的分配比例，你就能流畅完成动作。压力差的原因，是一只脚先于另一只脚开始放松和释放。同时放松双脚，掌握粉雪技术。要想快速变换方向，就必须让一只脚承担更多的压力。不过，在转换时，压力差很大的情况只出现在很短的时间内。

你也许注意到，在粉雪部分，似乎没有关于前后向动作的论述。许多滑雪者被告知身体应当后仰。不过，一旦你这样做，就会遇到麻烦，你的腿会十分疲劳，转弯也会受到影响。滑雪者们被告知"后仰"的原因是：第一，在平地上保持运动；第二，让雪板的前端露出地面。粉雪的吸引力在雪与雪板之间的摩擦力较大。因此，只要有不错的技术，就可以在陡坡上滑雪。"抛物线"雪板的前端比较宽阔，比旧式雪板的细长前端更容易保持在雪面上。腿放松，就能让雪板前端保持在雪面上，而无须让身体后仰。只用小幅动作，就能维持前、后方向上的平衡。在转弯开始的时候，我会在伸展双腿倾斜脚时，向脚后跟施压，稍微后仰。因为我知道，在转弯的中段，雪板的速度会由于雪的阻力而放慢。那时，我的身体会"追上"雪板。如果你发现身体后仰的程度比在转弯结束时更大，在开始弯曲腿的时候，让双腿保持在躯干的正下方，让膝盖在脚趾部位的固定器的正上方。慢慢进行这些调整，你的身体就不会突然向前移动，甚至前扑摔倒。

滑粉雪是感受雪板推力与浮动的游戏，而不是让板刃接触雪地。理想状态是让雪板与地面保持一定的倾斜角度。雪板下方的雪会对雪板产生压力，迫使雪板倾斜和弯曲，进入转弯。当雪板遇到压力时，又会发生更大的弯曲，转弯也会更急。因此，当你在转弯弧形的上半部分伸展支撑腿时，来自雪地的力量会让雪板快速改变方向。

这里描述的滑粉雪技能，是帮助那些有志成为专家的高级滑雪者。在练习时，应当选择中等坡度的地形。不过，在粉雪的条件下，你可以尝试比平时更复杂的地形。"抛物线"雪板会让你的滑雪水平立刻上一个层次，而配合使用基本动作，会让你的水平上两个层次。

动作要点

· 弯曲释放。

· 如果两支雪板都处于浮动状态，保持它们受到相同的压力。

· 双腿并拢以获得稳定。

第十一章　儿童的技术

孩子也能玩转滑雪

孩子们是滑雪运动的未来。他们会使用"抛物线"雪板滑雪，为这项运动带来革命。当然，我们可以用143厘米长的雪板划出大小不一的弧形轨迹，不过，这都建立在我们先前滑雪的基础上。现在，孩子们从接触滑雪开始，就能完成立刃动作。他们会发现如何使用雪板，喜欢上滑雪运动，这是我们无法想象的。因此，谁有责任教会孩子们正确动作，让他们使用新设计的雪板，就成了问题。稍后，我会谈到他们无须再次学习的动作，让他们在开始学习滑雪时，就有正确的工具。

我教孩子们滑雪，包括教我的儿子，我总是让他们摆脱犁式动作。我从不教授这种动作，我也不把滑雪描述成"比萨夹子"或者"薯条"。如果我们用教成年人的方式对待低龄学生，假设他们具有足够的智力，他们就会向我们展示如何使用"抛物线"雪板。展示通向成功的简单动作的概念，就能激发他们的自尊。使用"抛物线"雪板的孩子会重新定义这项运动。

我教给孩子们的是稍作修改的基本动作，更多使用"要想如何，我们先尝试这个动作"这样的方法。他们既不需要，我也无须做冗长解释。在基本动作教学系统中，没有太多术语。我们只需要了解基本语言。"自由脚""支撑脚""小脚趾一侧"，任何人都能理解这些概念。我把关于脚和脚趾动作的贴纸贴在孩子们雪板的前端，这样他们看一眼就能知道该向哪里、如何运动。想向哪边转弯，就倾斜对应的脚。倾斜右脚，向右转向。当他们掌握了这些基本概念，能够做出动作后，我就揭掉贴纸，让他们自行感受脚的动作。

4～6岁的孩子，可以先在室内学习滑雪理论知识和动作，然后再去真正的冰天雪地尝试。通过理论课的介绍与学习能够解决很多在室外滑雪时的疑惑。不论是在室内还是在室外，一定要练习基本的平衡能力。不穿雪板，按照本书开头部分的内容进行练习。

在我的儿子哈里森（Harrison Harb）两岁的时候，我就开始带他去滑雪了。在他4岁时，他的技术和理解能力就上了一个台阶。那时，我每个季度有5天带他滑雪。现在，他8岁了。当时就在5天这么短的时间里，他就学会了基本动作。上一个季度，我与朋友克雷格·麦克奈尔（Craig McNeil）的孩子，7岁的肖恩（Sean）和5岁的莫拉（Moira）一起滑雪。我向他们介绍自由脚和倾斜动作的基本理论。尝试了几次转弯后，他们很快就理解了，滑雪技术提高了。他们使用"抛物线"雪板滑雪，克雷格认为，虽然他们使用的雪板是成人长度，但是却能立即改善滑雪技术。有了基本动作，肖恩和莫拉经过一次练习就能掌握平行滑雪了。

> 如果用其他方法教孩子滑雪，他们的进步就会受到限制。

对用传统方法学滑雪的孩子来说，"抛物线"雪板也许不那么有效。让孩子们用天生的好奇心去探索滑雪吧。让他们远离按部就班和照本宣科的教学系统，在本章中，让我们看看适用于儿童的基本动作教学系统。

图 11-1 儿童使用"抛物线"雪板更易转弯。7 岁的哈里森·哈布与父亲

动作介绍

我从未教哈里森旋转或是扭动支撑脚。他从4岁开始就能单脚平衡滑雪。他在这里展示一些基本动作过程，他从未练习过这些动作。我们让他以犁式动作开始，抬起自由脚并向小脚趾一侧倾斜。他耐心地用支撑脚站立，等待它转动，因为他知道，"抛物线"雪板会跟随自由脚的动作而运动。

动作细节（图11-2）

a：从犁式动作开始，因为这是多数儿童学滑雪的起点。

b：减轻自由脚的负重，注意，两支雪板马上因此相互靠近。这是自然的平衡反应，当双脚分开时会找不到平衡。

c：让自由脚向小脚趾一侧倾斜，支撑脚雪板开始进入立刃卡宾动作。

d：保持平衡。就算把自由脚雪板重新放回雪上也没有关系。重点是要学习在雪板上掌握平衡，这会在以后形成正确的滑雪姿势。

e：自由脚继续进行幻影移动。

f：保持脚的倾斜，开始形成转弯。让自由脚雪板落地，抬起另一只脚，交换平衡和支撑，开始下一个转弯。

总结

我们在前面章节中讨论过的概念，同样适用于儿童。抬起雪板的后部，平衡就会转移到中部或前端。让手臂向身体侧面和前方伸展，提高平衡能力。与孩子们一起尝试改善平衡的动作：让他们不穿雪板转圈，向他们展示在转圈时如何将手臂向身体侧面伸展以保持平衡。像一个舞者或体操运动员所表现的那样，把它应用到滑雪的动作中去。借用想象力提高他们关于动作的体验和舒适度。在减轻自由脚负重和倾斜的情况下，进行穿行（图11-3），这在本书前面章节中也有相同的练习。所有这些练习都完全适用于儿童。只要有正确的指导，儿童就能展示出很好的平衡技能。

动作要点

·抬起自由脚。

·平衡。

图 11-2 从犁式动作开始，抬起和倾斜自由脚。"抛物线"雪板留下了清晰的弧形轨迹

图 11-3　在穿行中抬起自由脚

用支撑脚保持平衡，倾斜自由脚

支撑脚雪板转向，因为它与地面存在夹角

c

雪板的形状带着哈里森完成圆弧转弯

d

图 11-4　在粉雪上有效使用基本动作

动作介绍

不相信他直到本季度才接触粉雪？这就是他在第一天滑粉雪时的情景。他依靠平衡技术和基本动作，稍加练习，就能成为西部滑雪运动员。

动作细节（图11-4）

a：准备！抬起或是减轻支撑脚的负重。

b：放松支撑腿让双膝弯曲，别忘了雪杖触地！

c：在转换时，对两支雪板均匀施压，自由脚的雪板向小脚趾一侧倾斜。

d：按照11-4中的c所描述的动作倾斜自由脚，很管用，继续保持倾斜。

e：支撑脚的释放稍有些晚，但还是赶上了。

f：现在回到正常情形，自由脚伸展并倾斜。

g：玩得开心点。粉雪技术很好用。

总结

在与我去科罗拉多州时，哈里森每个季度拿出大约两星期滑雪。上个季度我们还在东部滑了两天。哈里森用的是123厘米的Elan初级"抛物线"雪板。对他来说，还是稍长了一些。不过，明年就会有长度为90厘米、面向儿童的"抛物线"雪板。他喜欢雪板的转弯性能，雪板能切割出深深的弧形切痕。这种雪板改变了他的滑雪。"抛物线"雪板让他在转弯之间有了出众的平衡能力，当雪板开始转弯时。它们的边缘能够产生与成人用雪板相同的切割效果。他倾斜自由脚来进行立刃滑雪。这符合雪板的设计。

动作要点

·释放旧的支撑脚，"关闭"它的功能，在激活新的支撑脚之前，就让它倾斜。

图 11-5 哈里森的基本动作轨迹：倾斜自由脚和滑行

第十二章　调整

哈布滑雪调整中心（Harb Skier Alignment Center）

信息就是力量

信息就是力量，在做购买决策时，更是如此。对调整的理解，能改变购买滑雪课程、固定器、雪靴和"抛物线"雪板的行为。如果你想用过去认为不可能的方式享受滑雪，同时节约金钱和时间，避免疑惑，就应该看看下面的内容。

我创办的调整中心，汇集了关于滑雪者、滑雪运动和雪板装备的知识。在过去的四个季度中，我对滑雪者的需求以及如何满足此类需求有了更深的了解。我谈论的不是微小的动作技术的变化，而是帮助滑雪者做出理性的决定和有效的选择——影响你对滑雪运动态度、滑雪能力以及享乐的决定。在测试、观察、适应和结果判断中，我逐渐积累起这些信息。改进包括对雪靴进行各种改造加工，包括内外打磨、重新上铆钉、拉直和增加固定带等部分或完全改变原有样貌的处理。一些畅销雪靴，可能并不适应某些滑雪者。雪靴的舒适性必须满足用户的需要，它的功能和对雪板的适合程度也必须符合下肢的解剖学原理。正确选择装备，能避免多余的改造过程。根据个人的解剖和骨骼结构选择物件能够最大限度地帮助你提升滑雪技术，再加上准确的指导，滑雪技艺就能有大的进步。

调整前

调整后

图 12-1　罗圈腿滑雪者调整前和调整后

> 对我的滑雪影响最大的，除了调整中心，就是从细腰雪板改用宽腰雪板的建议。这一改变极大增加了我的平衡能力，以及进入立刃滑雪的能力。
>
> ——唐·格雷兹（Don Glazer）
> 美国手足医疗外科协会（America Board of Podiatric Surgery）

　　哈布滑雪调整中心提供此类服务，它还与使用基本动作教学系统、特殊训练的滑雪学校有关。哈布调整中心的技术员和指导人员都经过了职业训练，能帮助你建立完整的滑雪提高计划，进行装备的个性化定制改造和动作指导。去除关于装备、调整和滑雪方法的困惑，这是一站式的滑雪提高中心。

　　想知道哪种雪靴能帮助你转弯，哪种不能吗？靴筒设计、高差角度和前倾度等都是影响因素。你适合哪类"抛物线"雪板，细腰的还是宽腰的？如果你掌握了这些知识，能做出更好的购买决策吗？我想应该会的。掌握了这些知识，就能在购买装备时，考虑身体特点和动作能力，做出正确的决断。经过训练的调整中心工作人员，让你的装备与滑雪或学习滑雪的方式结合起来，不需要用数年成为专家。没有人会在学习滑雪上浪费时间，尤其是以错误方式学习。想要像青少年快速学习使用雪板那样学习滑雪吗？通过这些教学系统，你的滑雪技术改进会是长久和可持续的。哈布滑雪调整中心负责让你开心滑雪，让你的滑雪水平达到你的预期。而你所要做的就是走出去，享受滑雪。

在过去的20年间，虽然基础没什么变化，但是我一直在开发和改进调整的技术工具。我和我的员工能够精炼这项计划，是因为我们与很多滑雪者一起合作——每个季度都有数百人。我们开发了创造性的技术，简化调整的过程，并且让它服务于更多的滑雪者、滑雪学校和雪具商店。

我当了40年的滑雪教练后，人们对滑雪运动中生物力学的了解的不断发展让我感到震惊，同时对自己极为有限的认知感到困惑。我希望在未来能够有更深刻的理解。从20世纪70年代开始，我就为运动员们打磨雪靴，帮助他们提高成绩。结果非常乐观，因为合作的都是在冬季坚持训练的运动员。恪尽职守的教练总是能够正确决定和进行正确的改造。每一项措施和变化都可以在雪场、比赛或计时测验中受到检测。对多数滑雪者来说，他们不是每天滑雪。如同与运动员的合作一样，雪地测试也应当成为对多数滑雪者进行评估的一项指标。在调整前后进行的评估，对进步是相当重要的。因此，我建立了哈布专家滑雪平衡评估（HESBE）课程。不论是职业运动员，还是业余人群，几乎所有的滑雪者都能从调整中获益。有的人需要的调整可能少一些，但是都有好处。常年滑雪的职业运动员也能从调整中获益。曾经的奥运滑雪冠军安迪·米尔（Andy Mill）参加了我们在阿斯彭（Aspen）的项目，也有了积极的变化。

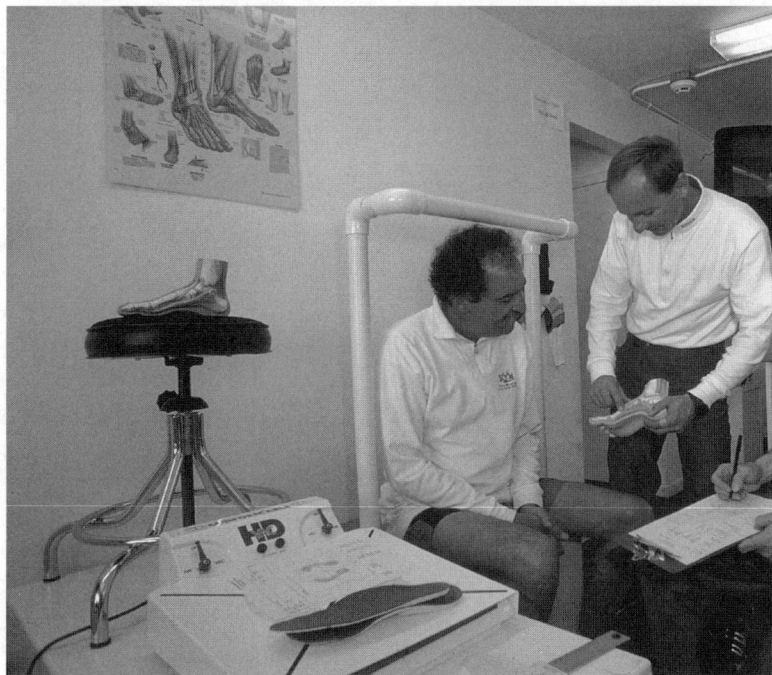

20年前开办的第一家调整实验室，是哈布滑雪调整系统的前身，我们已经与数千名滑雪者合作过。每项评估都提高了滑雪技术和滑雪过程的准确性，带来了滑雪技术的改进。这种进步是切实的，可量化的，而不是短暂的、自我感觉良好的改变。我们的计划是为教练提供工具和训练，让他们有别于学员。在本章中，我要介绍如何应用这些信息来滑雪，如何挑选雪靴、鞋垫、雪板和滑雪课程。

图 12-3 典型的罗圈腿

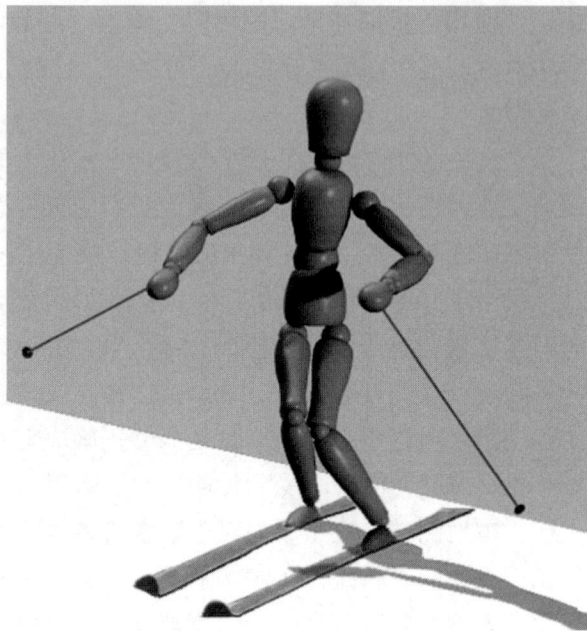

图 12-4 典型的"X"型腿

调整平衡的结构基础

在20世纪90年代中期，我说过"在滑雪中，雪靴的调整是最重要的"。时至今日，在完成数千例调整后，我相信从整体入手，而不只是雪靴，才能达到最佳调整效果。这一系统包括下列5个部分，他们的重要程度相等：

（1）动作指导；

（2）鞋垫设计；

（3）雪靴调整；

（4）雪靴选择；

（5）雪板、抬升器、旋转与固定器的兼容性。

哈布的滑雪进步理论：

> 正确有效的动作，配合正确的调整、合体的装备选择，很快就能造就专家水平的滑雪者。

推论：

> A. 不充分的调整限制了来自正确指导的效果。
> B. 不充分的指导限制了来自正确调整的效果。

不幸的是，这些真相都是要通过实践证实的。

许多滑雪者将调整中心视作最后的机会。他们疲惫伤心、疑惑恼怒，已经要放弃滑雪了。我找到了导致这些情绪的原因：

· 花钱多并不意味着能买到合适的装备，你可能买到型号错误的雪靴，或者导致需要调整的问题的牌子。

> 长期以来，在雪板上保持平衡，以及完成受控的卡宾转弯，都是我的目标。通过在哈布滑雪调整系统的调整过程和动作指导，我实现了目标。
>
> ——吉姆·皮特库克（Jim Pitcock），医学博士

· 不符合腿部解剖形态的雪靴或者动作会导致滑雪问题。例如，"X"型腿的滑雪者，如果穿上旋转靴，就会对使用板刃的能力产生很大影响。同理，罗圈腿的人，穿着很硬的水平靴，也会遇到麻烦。在本章中还会详细讨论雪靴。

· 错误的鞋垫设计或是材质，会让脚和脚踝变得僵硬。具有下列特点的鞋垫，要么有害，要么没用：过分纠正，或是纠正不当；过分支持，或是过于坚硬；过分柔软，或者没有支撑。这样的鞋垫没有诊疗价值。不过，这些鞋垫还在被大量制造。

· 矛盾的动作信息、不正确的动作信息会让你花在调整和选择正确装备上的努力白费。

滑雪产业的一个问题是："为什么大家在滑雪时会困惑？"答案很简单，决定滑雪能力的不同环节，很难以消费者的福祉为原则去进行整合。

解决与答案

加速进步的解决方案是什么？与调整中心的工作人员合作，他们懂得你的滑雪方式以及对装备的需求。你可以做一个基本研究：找一个使用基本动作教学系统的滑雪学校，或是联系哈布滑雪调整中心。

如果教练和技术人员要提供精准的信息，那么用生物力学和人体运动学方法训练就是十分重要的。哈布滑雪调整中心就是按照这一标准设立的。按照滑雪界前所未有的标准，为滑雪者带来福祉。

我们有数百个这样的滑雪者的案例：他们一度心灰意冷，准备放弃。我还记得在雪国滑雪学校（Snow Country Ski Schools）当教练时遇到的一对夫妇。第一天晚上开会前，主管约翰一大早来找我，他说："哈罗德，有两个人坚持要加入你的组。"约翰说，他们读了我写的滑雪与调整的文章，认为我一定能解决困扰他们的问题。他们的问题涉及鞋垫、新雪靴、倾斜度及课程等方方面面。不过，他们最主要的问题是准备放弃。他们已经做好听我说出他们不具备滑雪所需的运动能力的准备。没有人会拒绝挑战，我决定与他们一起滑雪，这是最好的办法。意料之中，我遇到的是两个希望轻松控制滑雪的人。苏西（Suzy）已经滑雪数年，但是仍旧只会滑初级道，用大角度的犁式动作转弯，很少能实现平行滑雪。在我们滑雪前，我检查了装备，开始进行调整。

长话短说，在我们认识后的12个月里，我们一起滑雪，调试装备，使用本书中的技术。在第二个季度，他们不再是胆小和几乎不能平行滑雪的初学者了，已经能够在中级道进行平行转弯了。认识3年后，苏西已经可以在高级道上进行卡宾平行转弯了。

在这之前，苏西的调整到底出了什么问题？如同那些遇到雪靴是否合脚、性能与调整方面问题的人，装备选择与调整都涉及太多的环节和人。通常的做法是根据人的能力和是否合脚去选择雪靴，而不是根据下肢的解剖学形态和必要太多的动作修正来选择雪靴，以减少腿的调整和滑雪动作问题。在调整期间的测试表明，同一个人，穿着两个品牌的雪靴，在静止测量时的调整度差别可能有2度。这是因为不同雪靴具有不同的水平和旋转性能。在实际滑雪时，情况还会更糟。如果有很常见的一级的"X"型腿，并且穿的雪靴又将"X"型腿加重一级，就会导致二级的"X型腿"，滑雪会受到很大影响。滑雪店的店员会给你找一双流行品牌生产的舒服雪靴，但是他不知道雪靴在真正滑雪时的情形。真正符合运动需求的雪靴，能减少甚至避免对调整与改造的需求。在我们的例子里，它能让你向正确方向移动一级，解决需要调整的问题。

在苏西的例子中，她的雪靴看似合适，但是对调整没有帮助，因此只能找一个人去修改倾斜度。她找了一个教练，但是他不知道如何调整，以及她调整后的变化。接下来她应该怎么办？她有一双不错的雪靴，但是与她的调整需求背道而驰。她上当了，但是她的课程并没有利用这一点。

我当过几年自行车运动员，买了我认为最好的车框架，又买了最好的零件来组装车。不过，我有的也只是一堆好零件。直到我适应了车框架，根据身体比例调整好了零件，我花了很多时间和精力来解决不匹配的问题；同样的道理也适用于滑雪。各部分的调整不见得完全适合滑雪，除非协调动作，并且为改进滑雪技术进行优化。为了省钱省时，可以找能解决调整问题的一体化系统。滑雪的回报率很高，所以你不会表现得太差，特别是当你从起步阶段就接触正确的技术。一体化系统包括下列内容：

· 受过生物力学训练的滑雪教练。

· 基本动作教学系统。

· 与调整项目有合作，提供个性化装备定制与选择的雪具商店。

· 哈布滑雪调整中心项目。

关于调整过程，需要记住一件事：最终目标是提高滑雪水平，如果在调整中没有评估，就不太可能提高水平。没有实际滑雪的室内调整并不精确，因为滑雪的动态过程与室内的静态测量是完全不同的。

完整的评估过程能避免这些问题。努力是值得的，回报就是每一次去野外滑雪都变得快乐。

双脚水平间距

我们用基本动作教学系统直接教平行（PMTS Direct Parallel）滑雪，滑雪者们的双脚水平间距较小。我们也经常指导中级滑雪者减小双脚水平间距。原因很明显，也符合逻辑。减小双脚水平间距，就能做出原来无法实现的动作。专家级滑雪者的动作，与在雪板上保持站立平衡密切相关。他们可以让髋部的重量或是身体重心的位置在雪板的两侧自由转换。而中级滑雪者达到了一个平台，他们不能或不知道如何突破进入下一个级别。双脚水平间距大，就会降低身体高度，让身体缺少动态变化能力，锁定髋关节的位置，不能让重心在两侧转换。我经常听到对运动员双脚水平间距较大的讨论。对聪明的滑雪者来说，这不可比，也不是真事。首先，运动员滑雪的速度远远比休闲滑雪者要快；其次，运动员在滑雪时，双脚在垂直方向上是分开的，但是在水平方向上还是近乎并拢的。在转弯时，弯道内侧的脚靠近外侧的腿。

用基本动作教学系统直接平行方法滑雪，我们也把狭窄的双脚水平间距和双脚并拢作为提醒要点和平衡练习。这不意味着滑雪者应当始终并拢雪靴。不过，雪靴并拢还是很有教育意义的，它让滑雪者知道，身体如何动作和保持平衡。为了在中级道上加速到32千米/小时，双脚水平间距需要10~15厘米。在专家级的坡道上，你需要让板刃与地面之间有更大的夹角。双脚水平间距还是10~15厘米。不过，双脚垂直间距能达到30厘米或者更大。因此，看上去比两脚间距要大。如果近看，你会发现转弯内侧的脚的雪靴，几乎贴着转弯外侧腿的胫骨或者膝盖。这一问题在本书的第2册还要详细论述。

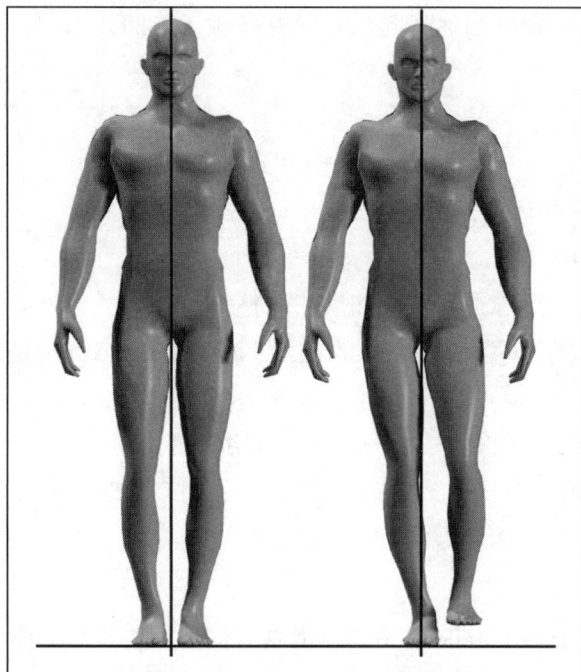

图12-5 狭窄双脚水平间距的平衡，只要做很小的调整就能达到平衡

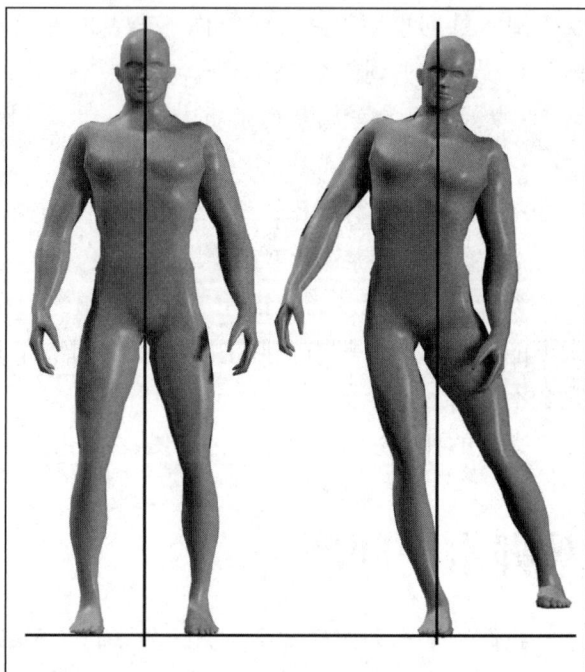

图12-6 30厘米双脚水平间距，上半身需要做很大的调整才能保持平衡

动作链

当鞋垫、调整、装备和动作融合后，我们就能用下意识的反应或是"被动动态"作为平衡滑雪的基础。被动意味着无须主动努力。被动动态表示，一旦一个动作，如雪板转弯正确启动，即使不需要主观努力，也能顺利完成。身体会下意识地做出微调动作。不断的、主动的和明显的平衡动作，是对错误调整及不良动作的补偿。我们需要努力达到的是，在滑雪下山时享受风吹到脸上的快乐，快速转弯，实现卡宾滑雪动作，不去想不平衡和动作失控。当动作链正常运转时，你就能体会到这种感觉。

动作链是"脚骨连接腿骨"等的复杂版本。你的身体像一组钢制铰链一样动作。如果你晃动链条的一端，波动就会从受到晃动的一端开始向另一端传导，一直持续到能量被吸收或者耗尽。身体保持平衡的挺拔姿态，也如同这一链条，但是更为复杂。一端受到作用力，另一端也会有所反应。如果链条的底部不能正常运作或是被锁定，必须有更大的外部作用力，才能替代僵硬的环节。现在，想象这一链条上的环节是逐渐增大的，一头大一头小。如果你晃动较小的一端，波动不会持续太久，因为能量会被吸收。当晃动较大的一端时，动作很快就会对较小一端造成明显的影响。身体的动作与之类似。大的一端代表上半身，小的一端代表脚和脚踝。如果使用上半身，就会产生大幅度的动作。许多滑雪者使用上半身，这就经常扰动链条上较小一端的平衡。脚和脚踝是能够精确调整动作的小关节，具有惊人的平衡调整能力。如果能正确使用，就可以从基础控制平衡。上半身也不需要进行大幅度的平衡调整，在不失去稳定性的情况下，就能吸收来自下半身的干扰力量。所有的滑雪名将都具有稳定的上半身动作，同时用脚的动作来保持平衡。

当滑雪中的动作链能有效工作时，脚和脚踝就是基本控制中心。身体的动作链条是由韧带串联在一起的，通过肌肉和肌腱进行控制。关节两侧的肌肉，进行方向相反的收缩，以稳定关节。当一块肌肉缩短时，它所在的关节对侧的肌肉就要拉长。当控制关节的肌肉能共同协作时，身体就能最有效地维持平衡。这种协作被称为共同收缩。如果想让动作链对滑雪有所帮助，就必须具有有效的共同收缩。

> 共同收缩是同一关节的两块肌肉协调运作，按照相反方向运动来维持关节的稳定。

尝试下面的动作，感受平衡和共同收缩。穿鞋或是光脚、单脚站立，观察脚踝和脚的方向，它们会移动或晃动来保持平衡。身体的其他部位会保持成一条直线，来配合脚的平衡动作。上半身只需要小幅调整。这就是有效的动作链条。注意：当双脚站立改为单脚站立时，身体重心（肚脐周围）是如何移动的。肚脐周围的躯干中心，必须与支撑点位于同一条垂线。在双脚站立时，它与两脚之间的交点在一条直线上。低下头看看这个位置。当只用一只脚站立时，身体中心移动到支撑脚的正上方。这一实验展示了平衡活动时身体的简单动态。在滑雪时，如果用单脚保持平衡，也是同样的情形。

如果由于某些原因，脚和脚踝的肌肉不能进行共同收缩，会怎样？下一组执行这一任务的肌肉就是髋关节处的肌肉。这组肌肉体积大，控制的也是较大的关节。它们没有脚和脚踝肌肉的精细调整和感受功能。因此，上半身必须同时保持平衡。每天，我都能在滑雪场的滑雪者身上见到这种情况。他们使用内收肌和大腿上部的肌肉来驱动雪板转向。这是极为无效的滑雪方式，不仅消耗额外能量，还会提前导致疲劳。脚踝周围的肌肉僵硬，是出现这种情况的重要原因，另一个常见原因则是与脚过度内旋或外旋有关的肌肉不平衡。

合适的鞋垫和雪靴有助于克服这些问题。不合适的鞋垫，会让滑雪者使用无效的大肌肉来产生保持平衡的动作。如果使用了过度纠正和过于坚硬的鞋垫，又会怎样？一个不事先了解滑雪者鞋垫的教练，也是必然要失败的。

脚踝

这些年来，如果你在现场见过我如何指导滑雪者和教练训练，也许就知道我强调的几种效应：

· 在滑雪时，最重要的动作在雪靴内。

· 滑雪的精华被雪靴隐藏。

· 滑雪时最重要的关节是脚踝。

因此，用脚踝和雪靴控制板刃。

我想你猜到了我的意思，脚踝和脚的使用、功能及知识，对滑雪十分重要。脚踝为什么重要呢？

脚踝是动作链的基础，比身体的其他关节更能控制平衡。脚踝可以提供前、后和水平方向的平衡动作。滑雪控制与动作链基础的动作有关。离开了脚踝平衡或者肌肉的共同收缩，还能滑雪吗？答案是可以。但是，如果脚踝的功能不能完全发挥，就不可能有精确和优美的滑雪动作，也成不了优秀的滑雪者。

接下来就要求在穿着雪靴时，评估脚踝的功能。所有人的脚踝都不尽相同，很少人真正了解自己的脚踝，这就必须由称职的技术员对脚踝的正常功能进行测量分析。脚踝有两个关节，水平动作由位置较低的关节——距下关节的活动幅度决定。如果踝关节僵硬或是动作范围被限制，脚还会有外翻动作。前后向的动作由位置较高的关节——距小腿关节决定。稍后还要讨论这一关节的重要性。

正确的倾斜、翻转和平衡动作，离不开脚踝在雪靴内的运动。雪靴限制了脚踝的运动，但是最轻微的脚踝横向移动，也会对靴筒造成压力，为身体带来稳定。在滑雪时，雪靴是唯一能产生杠杆作用的装备。脚和脚踝的动作，向雪靴施加作用力。雪靴侧面受到的作用力，同时稳定了板刃和身体。这种作用力联系了上半身和下半身。脚踝的小动作就可以控制上半身。如果上半身启动动作，上半身的体重产生的作用力，就不是脚踝这一根基能控制的了。身体的移动就会不准确。

控制脚踝动作的小肌肉，比起股骨和躯干的旋转肌等身体上方的大肌肉，具有更精确的平衡

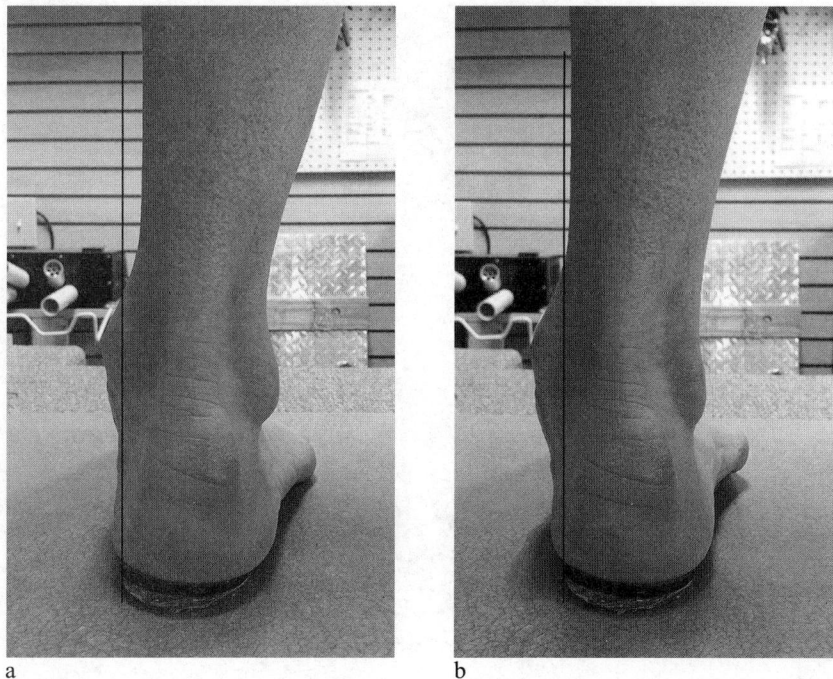

图 12-7　脚踝对靴筒施加作用力时的动作。a 中的脚处于放松状态，b 中的脚呈外翻状态，通过参考线来看脚踝的移动幅度

调整能力。产生角度和倾斜的其他方法，就是通过腿的伸展或弯曲，对雪地施加或是减少压力。不过，这种方法更慢，也更不精确，其与倾斜脚和脚踝的动作一同使用时，才更有效。

增强脚踝的功能

　　医学部门生产的滑雪鞋垫或是用于脚的支撑具，通常强调控制或是消灭过度的脚和脚踝动作——内旋。对滑雪鞋垫的这种思维，来自对过度内旋的人在跑步或走路时的动作的理解。这就是在雪靴中经常见到过度强调支撑性能、十分僵硬的鞋垫的原因。滑雪者的脚和脚踝被固定，调整和做倾斜动作的能力受到限制。

　　在我们多年的滑雪分析中，我们发现，坚硬的高足弓鞋垫并不理想。对坚硬鞋垫约束的分析和诊断非常少。

　　在滑雪时，坚硬鞋垫对脚和脚踝功能的影响甚至超过脚的内旋本身。提升僵硬或外旋脚的活

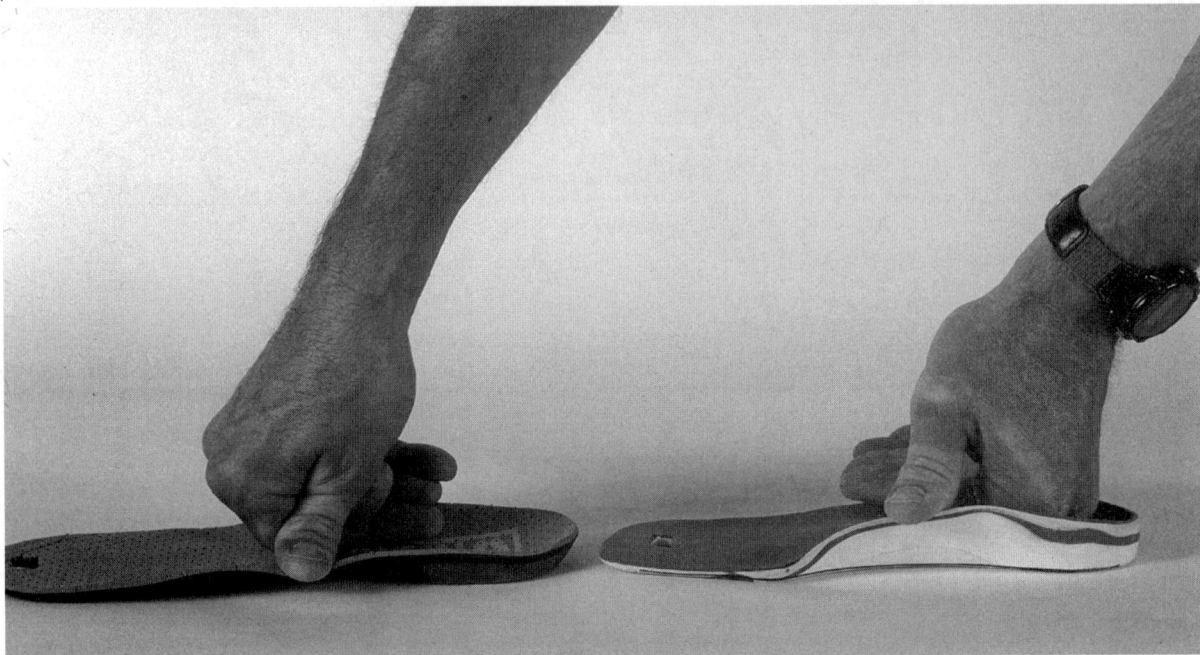

图 12-8　鞋垫弹性与坚硬的对比

动性的目标，就能增加对活动范围的限制。因此，没有特制鞋垫来满足这样的需求。我们发现了使用鞋垫以及特制雪靴增强僵硬的脚的功能的多种方法。

鞋垫的设计和构造

哈布滑雪调整中心鞋垫设计的定制方法，包括给脚合适的自由度、允许关节的中性平衡动作，这一系统生产的鞋垫能带来平衡和精确的倾斜控制能力。用脚踝，而不是用更高的身体部位去控制倾斜，是更优先的任务。当使用"抛物线"雪板时，水平动作能力和外侧腿的调整就变得更为重要。坚硬的鞋垫会影响动作链，所以鞋垫设计要能提升表现。这被称为动态鞋垫平衡系统。具有适应能力的鞋垫，能改善脚和脚踝小肌肉群的平衡能力，并以此为目标。在材质方面，既能适应和支撑端正的身体结构，又能让脚和脚踝自然活动的鞋垫，才是理想的。

用胶水将这套调整系统黏合在一起，就是鞋垫。作为与雪靴和板刃接触的最终环节，合适的鞋垫，能让平衡调整更为精确。

制作鞋垫的专家，应当既是艺术家又是工匠。在技术层面上，必须懂得为什么以及如何测量；

在艺术层面上，就是如何进行测量以及制成最终产品。经过严格训练且懂得测量和使用合适原材料进行加工的鞋垫技术员是你的滑雪盟友。鞋垫必须符合滑雪者的能力、雪靴的性能及脚的特点。工艺的关键是用能够改善脚平衡能力的材料，生产具有合适的后跟角度的产品。消费者很难知晓产品是否合适。鞋垫看起来像脚的倒模，它真的管用吗？每只鞋垫都有新的感觉，占用雪靴内的空间，这就是区别。多数滑雪者并不知道这种不一样的感觉，究竟能否让他们成为更优秀的滑雪者。

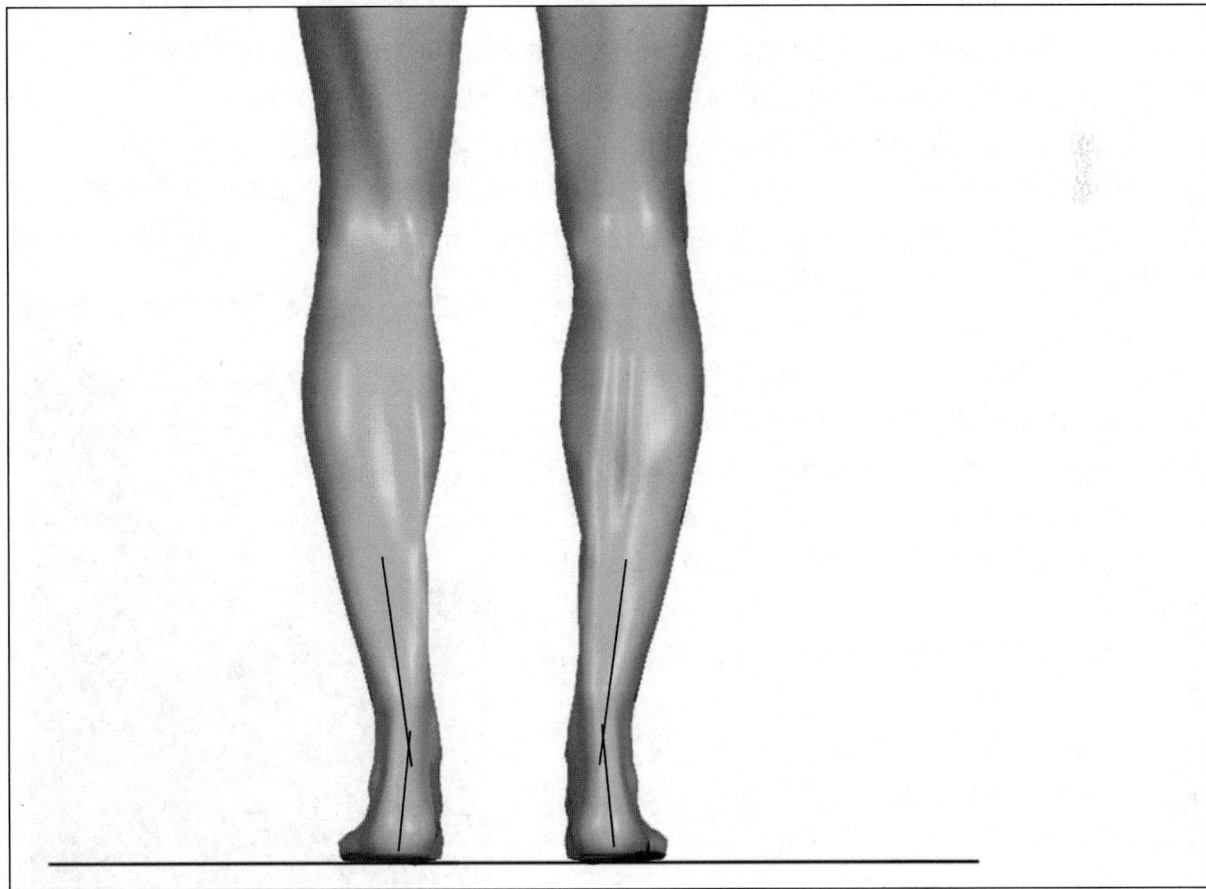

图 12-9　脚跟的角度

那么，你怎么知道哪种鞋垫会让你成为更好的滑雪者？要想设计出成功的鞋垫，就必须经过完整的脚型分析和测量过程。下面是一双合格鞋垫必备的测量过程。

脚跟的角度： 脚后跟与地面垂直线之间的角度。

鞋垫必须考虑姿势以及合适的后跟角度。工匠先是测量这个角度，然后根据它确定鞋垫的后跟角度，让脚踝可以像两侧正常运动，实现功能。如果未完成这一步，就无法让肌肉共同收缩，动作链就会被打破。

距下活动范围： 踝的较低位置的关节（距下关节）从一侧到另一侧的运动。

不测量这一角度，同样可以生产反应式鞋垫，但是真正的鞋垫专家不会不测量它。这一范围帮助确定脚的自然位置。当脚处于这一位置时，形成的动作链最有效，它还决定了在这一方向上踝关节的松紧程度。这些信息帮助选择材料的密度与硬度，形成合适的稳定性。

足内翻或外翻： 前足或脚的跖球部位，相对足后段或后脚跟的扭转或扭曲程度。

保持踝关节处于中立位置（中性距调整），从后方观察。如果前足的大脚趾一侧比小脚趾一侧高或是隆起，那么这种脚的扭曲就是前足内翻。这种情况会导致足后部内翻，胫骨或股骨向内旋转。填补大脚趾下方的一部分空间（测量角度的70%），就能支撑前足，并让它高于脚后跟的位置。对前足内旋的调整，能减少内翻，对保持合适的膝关节轨迹（稍后会详细说明的重要概念）也有好处。多数鞋垫并没有考虑前足的状况，不过，这么做可以建立动作链，提供有效的侧面控制感觉。如果你的整个脚从未感受过板刃落地，即使你有了鞋垫，也需要增加对前足部位的支撑。

足背屈： 将脚趾向膝盖方向勾起时，踝关节的活动范围。

在脚不承担重量时进行测量。一般来说10°就够了。大约有20%的滑雪者，存在这一角度的限制且可能导致严重后果。当你做足背屈动作时，如果抬起脚后跟，而脚趾被雪靴卡住，你就会处于"后仰坐姿"，那么你可能是足背屈受到限制。对足背屈受限的滑雪者来说，合适的雪靴尤为重要。具有垂直轴和前倾转动的雪

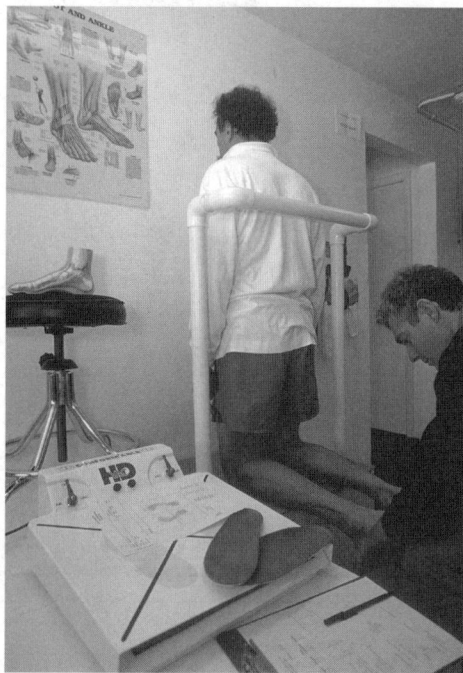

图 12-10　测量足背屈以及前足、后足的关系

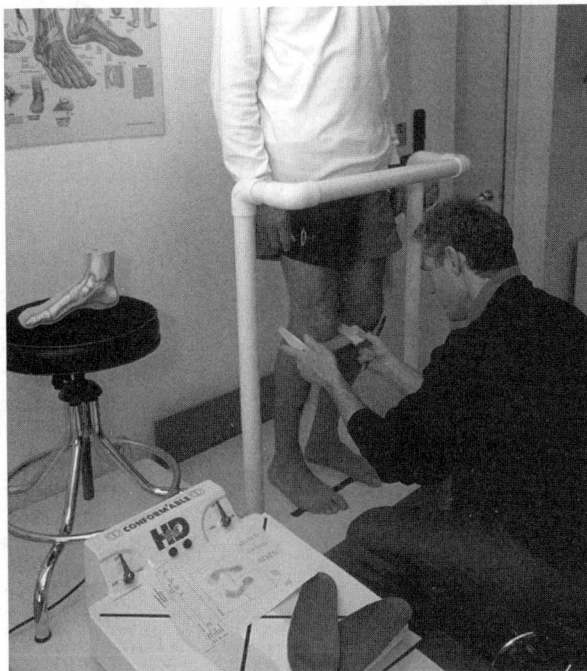

图 12-11　测量膝盖上方的重心

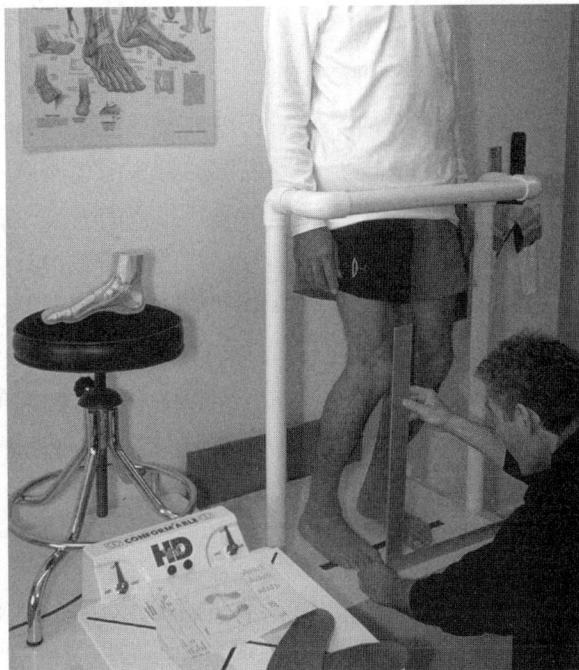

图 12-12　测量膝盖与脚是否在同一平面

靴，在这时就非常有用，可以让脚踝保持在运动范围内（第十二章末尾有更多关于"雪靴和前、后调整"的讨论）。

　　膝盖位置： 弯曲腿是膝盖的运动轨迹。

　　在定制鞋垫或进行调整时，膝盖的运动轨迹也是一个重要的考虑因素。在赤脚测量鞋垫时，首先量的就是它。在家中快速测量也很简单。双脚平行，用舒适姿势站立（脚趾指向正前方，双脚平行，你感觉这时的站立像是以脚趾为正前方指示）。面向一面能够反射整个人身高的镜子，屈膝并保持脚站稳。当膝盖恰好在脚尖上方时，观察膝盖中心的移动轨迹。理想情况下，在屈膝时，双膝的中心应当向正前方运动，并且保持平行。如果两个膝盖向脚的外侧偏移，或是内扣，膝盖位置就有可能存在问题。膝盖位置问题的轻重程度不一，但是可以通过合适的鞋垫进行纠正。膝盖位置是全身调整评估的重要部分，但直到完成了其他评估后才会制作鞋垫。赤脚评估还包括将橡胶块放在脚下进行初步调整，预估定制步骤。

内旋

真正的内旋脚或脚踝，会导致多余的动作。自我检查的方法就是对比承重和不承重时的脚。坐在椅子上，将脚轻轻放在地面上。这时，脚只负担很轻的重量，通常都会出现足弓。当你站起时，足弓还存在吗？脚踝内侧的骨头向大脚趾一侧移动了吗？如果足弓消失且脚踝内侧的骨头向大脚趾方向移动了，就是负重状态下的内旋，在滑雪时可能无法有效控制板刃的动作。通过合脚的定制鞋垫，这种情况是可以纠正的。在设计鞋垫时，必须考虑到体重、距下关节的活动范围以及脚后跟的角度。这些因素必须被充分测算并加以考虑。无论是竞赛运动员还是休闲滑雪者，都会有很好的效果。最常见而没有纠正作用的，是那些整体坚硬、足弓部位高高凸起的鞋垫。

与哈布滑雪系统一起训练的技术员与教练们，可以在雪地平衡练习中发现内旋脚的信号。通过观察滑雪者的站姿和动作，可以发现内旋滑雪者的常见姿势。

图 12-13 一只右脚靴底的材质展示，它足够柔软，可以让脚适度下陷，给雪靴内侧施加压力

外旋

如果内旋的后果是活动性过度，那么外旋的后果就是活动性不足。内旋者的脚已经坍塌在雪靴里，不能给靴筒施加压力；由于脚踝不能充分向内侧运动，外旋者的脚也不能对靴筒施加压力。通过多种方法（如设计鞋垫和改造雪靴），只要他们用合适的肌肉发力，我们就能给外旋者必要的向内活动性。

功能性平足

功能性平足的人，因为鞋垫设计不合理，导致无法进行正常的脚部活动，也是常见现象。许多制造鞋垫的工匠，也被平足概念误导。在站立时，平足与内旋相似，没有明显足弓，脚踝内侧的骨头特别明显突出，因此它看上去很像内旋。不过，如果像前文讨论内旋那样，将不负重状态和负重状态进行对比，你就会发现不同。功能性平足即使不负重或很少负重，仍旧没有明显的足弓。如果没有障碍，平足经常对雪靴的靴筒产生压力，而障碍多是坚硬和带有高足弓的不合脚人工鞋垫。许多来到我们这里的滑雪者是平足，但是使用了过度支撑的鞋垫。许多滑雪者抛弃了旧的鞋垫，因为它会导致疼痛。在任何时候，任何鞋垫都不应该引起疼痛。如果你的鞋垫引起疼痛就不合适。

穿雪靴时的膝盖轨迹

穿雪靴的膝盖轨迹评估，与不穿雪靴时类似。雪靴对膝盖轨迹和脚跟的角度都有较大影响。滑雪者穿着短裤和雪靴，在坚实的水平地面上进行测试。第一步是给小腿正上方的胫骨中央做好记号。通常来说，记号是在胫骨结节处，也就是胫骨在膝盖骨正下方的位置。在严重胫骨扭转（沿着胫骨长度的扭转）的情况下，胫骨结节可被忽略，因为它会误导测量。有经验的技术员能够分辨这种情形。

木工的直角尺（向右的直角）可以用来进行测量，标记膝关节到雪靴的垂直线。这可以测量角度。而后，滑雪者双脚踩牢地面，屈膝，直角尺上方随着膝盖一起运动，下方与地面保持相对静止。技术员可以观测轨迹，也就是从初始姿势到完全蹲姿之间的膝盖位置变化。

许多调整者使用铅垂线，也就是一头有重物的绳子进行测量。腿的移动会导致重物位置的移动，这很难控制。铅垂线必须要有人拿，并且只有在完全停摆后才能进行测量。铅垂线测量的另一个不连续之处就是起始点，在被测试者活动时，铅垂线必须被固定在他的腿上。这一位置经常变化，因为技术人员还要用手拿牢垂线，稳定重物。

此外，还有其他的测量调整的方法。其中若干方法还允许测试者们的双脚向两边倾斜，站着进行。你必须找一片平整结实的地面，才能进行不间断测量。滑雪者在移动和倾斜时的动态动作，会产生不连贯的数据。倾斜的装置不利于膝盖轨迹测量，因此这种测量的结果并不完整。

鞋垫和雪靴的匹配

所有的雪靴都有"靴板"，这是在外壳内的可拆卸组件，滑雪者就站在上面。靴板形态各异，反映了设计者们在追求舒适和运动能力时的心思。鞋垫的设计，必须考虑靴板。有的雪靴公司甚至让靴板的后跟部位抬高3°，这足以影响鞋垫。靴板可能放大或阻碍鞋垫的功能。鞋垫工匠经常需要打磨靴板，这样，鞋垫才能在设计之初的水平面上发挥作用。

改变调整

在"穿雪靴时的膝盖轨迹"中测量的轨迹，决定了如何用角度调整，及对滑雪者进行姿势调整。我通过研究发现，没有理想的调整标准，没有人指着雪靴说关于股骨的标志该在哪儿。滑雪者的体形、力量和需求的调整都不尽相同。需求不同，调整的结果也是不同的。影响调整的因素有若干，包括雪靴的类型（旋转还是水平）、滑雪技术水平、雪板种类、腿的长度以及固定器的高度。

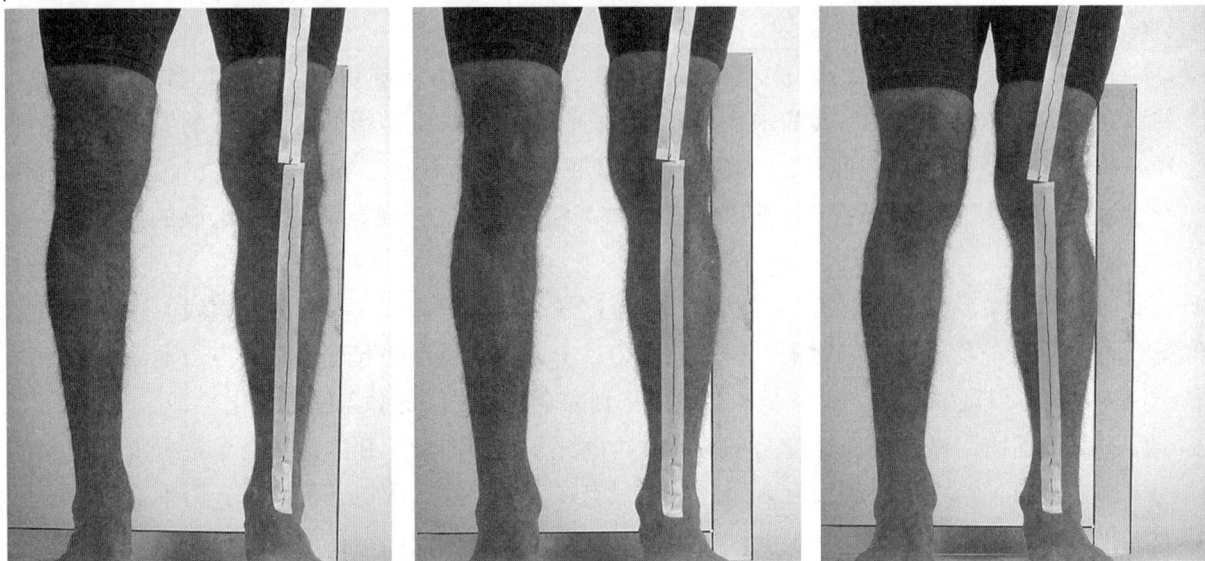

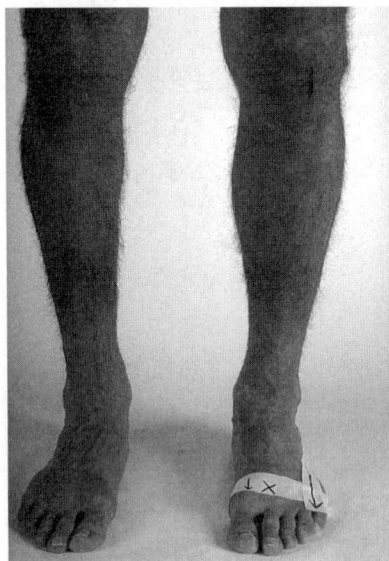
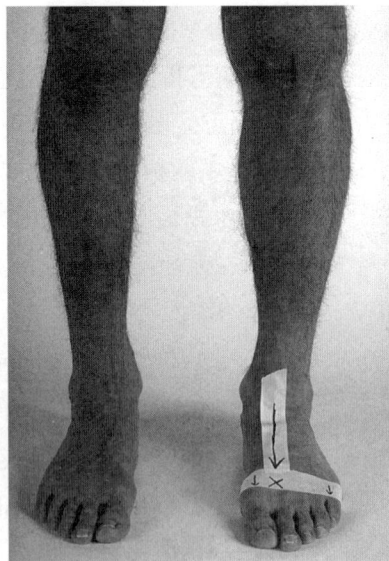
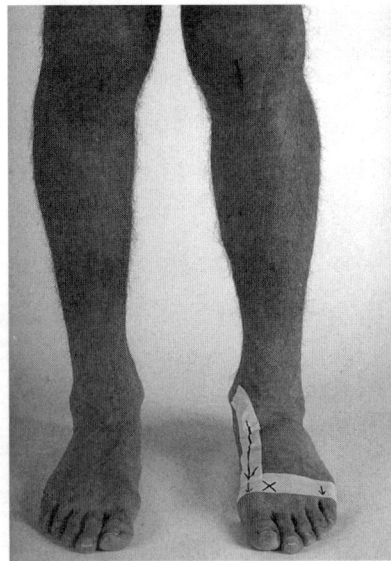

罗圈腿 中性 X型腿

图 12-14 三种类型的调整

坎特公司（Cant Company）制造我们在室内测量和雪地测试时使用的倾斜式垫片。这种垫片的一端厚、另一端薄，大约有0.5度的差别，只比鞋垫窄一点。有的滑雪者直接将垫片塞进固定器下，作为永久的调整解决方案。这仍旧是用在装有橡胶步行鞋底的徒步雪靴上的常见调整方法。

多数山地滑雪者选择将带角度的贴片固定在靴底上。脚趾和脚跟部位的纹路经过特别混合物料加工，恢复到原有的厚度和平行度。这样，雪靴的调整就成为内建式，并且左右脚的雪板，甚至几副雪板可以互换通用。

不论哪种方法（在固定器下安放垫片，或是靴底贴片），原理都是让靴底向雪板倾斜，让滑雪者具有更好的功能性调整。

垫片或贴片的"小狗"也许具有迷惑性。许多人相信，技术人员让膝盖向内侧或外侧运动，偏离了靴底的垂直线。如果教练们经常要求学员移动膝盖，这一错误概念就很容易理解。而实际上，膝盖不能发生侧向移动。当膝盖看起来像是水平移动时，大腿或股骨实际上是在髋关节处转动。尝试下面这个试验。站立，让更多体重集中在身体右侧。以下动作为左腿：让左腿膝盖向右腿膝盖移动。注意从上方向下看时，左大腿如何在髋关节处顺时针旋转。当左腿膝盖远离身体中线时，会发生相反情况，股骨会逆时针旋转。

观察图12-15：滑雪者双膝靠近，看上去她的两侧膝盖距离身体中线尚有距离，但是彼此紧贴。实际上，她的股骨已经向内侧旋转了。这时，她几乎没有控制，因为这就是她的自然姿势。当她站在平地上进行自然测量时，两侧膝盖都与大脚趾内侧在同一直线上。这种情形被称为"X型腿"。这样的滑雪者不可能实现自然切割转弯。不过，他们可以通过适当的调整和使用正确动作，改变不利条件。

后面的表格描述了在转弯的三个阶段——释放、转换与启动中滑雪者容易出现的错误。阅读表格的内容，或许能解答你的一些疑问。你也许会发现，自己符合关于调整不当滑雪者的描述。如果是这样，你并不孤单。我们发现，90%的滑雪者能从优化调整中受益。

再次以左腿为例，旋转股骨，向右侧移动膝盖大约0.65厘米（向身体中部），或者向左（水平方向），都会影响到平衡、对板刃的控制以及对雪板的控制能力。

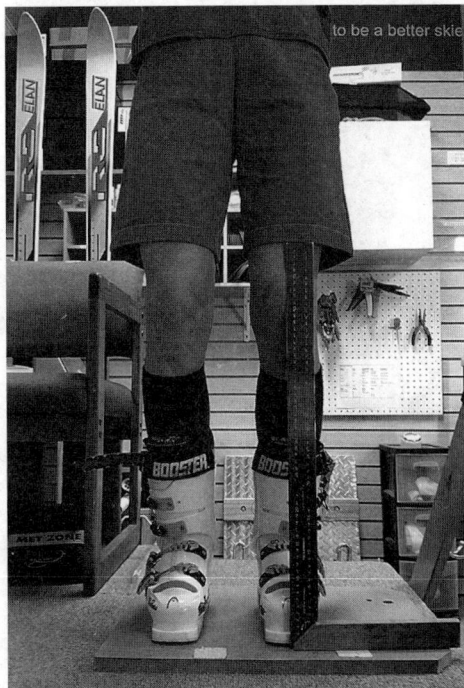

图 12-15　穿雪靴进行中立位调整

这一变化能影响你的滑雪。如果你不能正确理解这个问题，就会对滑雪产生不利影响。每次使用垫片，都会改变靴底与地面之间的角度，这就改变了你的站姿。它可能让你的小脚趾一侧，或是大脚趾一侧承受更多压力。这一变化还需要同时考虑鞋垫和动作模式等其他方面的调整。在滑雪过程中，这些变化的相互作用也必须被考虑在内。

如前所述，与传统认知不同，关于膝盖姿势并没有一个单一的理想调整模式。滑雪者在雪地上的动作，决定了调整的最终效果。总体而言，我们希望使多数滑雪者靠近靴底的中线，不过，理想的点取决于每个滑雪者不同型号的雪靴。本章稍后还会提到水平靴和旋转靴的选择与设计。每个滑雪者的整体力量、四肢力量及感受也是我们在决定平衡姿势时需要考虑的重要因素。总之，技术熟练的教练和技术员能帮助决定最优调整。

雪上分析（哈布专家滑雪平衡评估）

调整的第一步，就是滑雪，在雪地上进行专项平衡评估。只靠室内测量，不足以完成对滑雪者的调整。带着雪板，在雪地上的平衡能力和动作，是完成调整的关键。雪上平衡评估，展示了滑雪者的功能调整和平衡能力。如果调整有问题，脚下支撑不足，或者动作错误，就难以保持平衡。错误的动作指导，会导致调整方面的问题被放大。

如果我能让滑雪者们在室内静态评估时的雪靴中线移动0.65厘米，调整就会变得更为简单。影响滑雪的因素远不止静态倾斜调整，肌肉力量、柔韧性、滑雪能力、小腿的弯曲度、腿的长度、雪板设计、雪靴选择都会影响动作和平衡。没有哪项测量能够独立解决问题。在雪地上进行的平衡和动作分析，提供了优化能力所需的充分评估。

图 12-16　拍摄山地滑雪的调整评估动作

图 12-17　分析评估动作

平衡练习

　　滑雪评估使用几个练习来监测平衡能力：单脚平地直线滑雪、单脚穿越、幻影移动和转弯。我们不关心你完成了5个最佳转弯，或是展示出某项特别优秀的技术，我们关注的是关于平衡的综合能力。评估过程会被拍摄成视频，以便前后对比观察。对评估者来说，理解学员在评估过程中的动作背景和意识是很重要的。评估者和滑雪者必须就滑雪者的目标达成一致。相互理解，才能让整个过程达成期望的目标和成就。

　　下面的表，描述了在评估期间，滑雪者与调整有关的动作。它们来自转弯的三个阶段：释放、转换和启动。

表 1　评估期间滑雪者与调查有关的动作

动作	X 型腿	正确调整	罗圈腿
在平地上单脚直线滑雪	支撑腿的股骨向内旋转。膝盖可能并拢。抬起的雪板经常与支撑脚雪板交叉。支撑脚雪板向内侧倾斜或滑动	支撑脚会有小幅度平衡调整动作，身体其他部分保持静止。抬起的雪板指向正前方。支撑脚雪板走直线	①髋部向支撑脚的小脚趾一侧倾斜，抬起的腿或手臂远离身体。②髋部向支撑脚的外侧移动，然后支撑脚发生扭转，导致雪板滑动
用支撑脚和板刃直线滑雪	支撑腿的股骨向内侧旋转，肩部向低处倾斜。膝盖可能并拢，抬起的雪板与支撑脚雪板交叉，支撑脚雪板在高处遇到阻碍或是轻微侧滑	支撑脚会有小幅的平衡调整动作。抬起的雪板指向正前方，支撑脚雪板在雪地上留下直线轨迹	支撑腿保持伸直，肩部向高处倾斜。经常用手臂保持平衡。支撑脚雪板可能滑动，或是在边缘晃动
在平地上，从直线滑雪进入幻影移动。自由脚离开地面向小脚趾一侧倾斜，雪板前端可以接触地面	难以用单脚保持平衡。股骨向内旋转而雪板倾斜。当自由脚倾斜时，不可能保持平衡，自由脚会滞后。膝盖并拢	很容易用单脚保持平衡。当自由脚倾斜时，支撑脚雪板也会向边缘稍稍倾斜，产生弧度。身体保持静止、稳定和平衡	①当自由脚倾斜时，支撑脚雪板按直线前进。肩部和身体可能倾斜。②降低髋部的高度，支撑腿的大腿旋转，支撑脚雪板的后部滑动
花环用双脚倾斜动作进行释放，用幻影移动启动	释放：雪板不同步释放，X 型腿看上去格外明显。在膝盖向前弯曲超过大脚趾时，山下板保持滑动，山上板受到阻碍。 启动：山上板很难或不可能向小脚趾一侧倾斜，山下板的尾部偏移。身体可能扭转和朝向高处	释放：雪板同时移动，同样使用脚和脚踝的调整动作。小腿保持平行。 启动：滑雪者可以抬起和移动自由脚。建立单脚平衡。支撑脚雪板向大脚趾一侧倾斜，逐渐向高处弯曲	释放：雪板不同时释放。膝盖之间出现空隙，肩部旋转。 启动：山下板按直线前进，或者滑动。肩部向高处倾斜，"带动"雪板向高处转弯

转弯阶段	X 型腿	正确调整	罗圈腿
释放	很难同时放平两支雪板来脱离前一个倾斜角度。在接近释放动作时，雪板会比理想状态发生更远的滑动，因为没有足够的边缘摩擦力。膝盖是动作的焦点：滑雪者想让膝盖向板刃的方向运动。滑雪者的双脚通常都用大脚趾一侧接触地面。身体产生扭转，才能产生来自山下板的推力	当接近释放位置时，两支雪板可以达到相同的倾斜角度。支撑脚雪板接触雪地，双脚控制雪板的倾斜，引起释放。重力和速度让滑雪者进入新的转弯。上半身保持平衡和静止	必须使用大腿和上半身才能让雪板动起来。推动山上板的动作，让身体倾斜，并且远离雪板，这样才能产生释放。身体远离雪板的过程还涉及肩部和髋部的弯曲。有的滑雪者会放平或转动雪板使雪板远离上半身，再让雪板接触地面

转弯阶段	X 型腿	正确调整	罗圈腿
转换	脚的倾斜不伴随释放动作，就必须在山下板仍然处于边缘接触地面、向山上板进行平衡转换时推动它。山上板经常与山下板呈犁式位置关系，两支雪板都用大脚趾一侧接触地面，极少能在滑雪弧线轨迹的高处进行重量转换，实现圆弧转弯和控制速度。必须在腿弯曲时将新的山下板瞄准滚落线，这会让情况更差：雪板尾部滑动，会向远离身体的方向移动，不可能用新支撑脚建立平衡	平衡转换伴随着支撑腿的放松，以及支撑脚负重减轻和倾斜	在转弯的第二阶段，雪板越过滚落线后，才能实现重量转换。在弧形轨迹的上半段，雪板水平落地，在雪地上滑行。在进行转换的时候，需要来自腿部或上半身的巨大旋转力，让转弯继续，或是阻止两支雪板交叉。当通过腿的旋转完成转弯动作后，又会导致 X 型腿姿势。用上半身力量让雪板倾斜，然后再放平雪板

转弯阶段	X型腿	正确调整	罗圈腿
启动	支撑腿的膝盖向坡道方向移动，尝试实现板刃接触地面。身体对这一动作的反应，导致对雪板的过度控制。在不平整地形上，过度控制又导致了不稳定，速度伴随着危险，雪板尾部感觉松懈和滑动。直到横着通过坡道，雪板都在像犁一样滑雪。上半身跟随雪板运动，有时会转身朝向高处。有的滑雪者会使用抵消措施——向转弯的相反方向扭转骨盆，以避免支撑腿股骨的过度旋转	抬起负重较轻的自由脚，可以让身体更容易向转弯方向倾斜。让支撑脚板刃接触地面，支撑脚容易保持平衡，因为当自由脚倾斜调整角度时它是稳定的平台	上体向坡道倾斜，才能让板刃接触地面。当边缘开始接触地面时，雪板和身体的受力很大。在转弯的底部，雪板经常交叉和碰撞。要想控制摩擦，就要有腿部和身体的大幅度弯曲动作，以吸收边缘落地时的冲击

雪靴

雪靴是最重要的滑雪物件。雪板或许更容易令人激动，带来纯粹的动作反馈，但是，雪靴能毁掉或成就一个滑雪者。挑选雪靴，最重要的考虑因素永远是合脚，然后才是调整，以及价格。最近，许多与性能有关的雪靴特色被用作提高滑雪技能。防震动设备、靴筒斜度调节器、双重力量缠绕带皆属此类。现在还出现了立刃雪靴，这也许是追赶立刃雪板的潮流。我觉得，在立刃雪靴诞生前，我就可以完成立刃滑雪。我们一步步看，解开笼罩无数雪靴的谜团。在买雪靴前，应当知道些什么？

合脚

合脚是买新雪靴的首要考虑因素。现代雪靴多采取分层结构，具有良好的舒适性。雪靴的多层外壳采用前方的固定扣进行固定，通常是4个，2个在脚背上，2个在靴筒上。雪靴的上下两部分别固定脚和脚踝。人脚的宽度和体量不尽相同，因此，雪靴厂家也根据脚型差别，生产不同型号的雪靴。如果你的脚比较窄，就不要买在靴内空隙中填充泡棉衬垫的雪靴。在试鞋的过程中，应当先取出内里，这样才能正确估算长度与宽度。要在没有内里的情况下，将脚放入鞋中看是否合脚。为了确定雪靴的合适长度，向前方移动脚，直到一个或几个脚趾接触雪靴的前端。蹲下，试着将食指放入向前移动脚时脚后跟处留下的空隙。如果脚跟距离鞋后跟的距离不大于一指，那么说明属于偏紧但合脚；如果能放下两根并在一起的手指，说明这一尺寸是比较舒适的；如果能放三个手指，意味着雪靴太大了。这种用手指进行指测的方法能够给你一个快速直观的了解（如果做不到，就去找手电筒，看脚后跟与雪靴外壳之间的距离，1厘米=偏紧但合脚，2厘米=舒适，3厘米=偏大）。合脚的原则是雪靴必须紧紧包裹双脚。几乎所有在我帮助下选购雪靴的人都会抱怨：太紧了！但是在穿着数天后，雪靴会被撑大半个尺码。

用测试长度的方法去测量宽度。拿掉内里，直接穿上外层。在雪靴内横向移动前足，看看能有多大活动空间。如果空间很小，如左右两侧都是0.3厘米，就太紧了。如果每侧的空间都有2.5厘米，就太宽了。不过，你的手指不能进到那么靠里的地方去感知空间富裕，因此只能大体估量。这一测试能帮助购买决策。但是，请不要仅凭单一的测试结果就决定购买。多数导购会在你穿上雪靴前，先测量你的脚的长度和宽度。他还要了解什么型号的雪靴最适合什么样的脚。这些原则能让你了解有关合脚的信息。记住一件事：如果导购在雪靴里填上泡棉或衬垫，让它合适你的脚，那么你从买雪靴开始，就在降低滑雪能力了。

第三项就是穿上内里，但是不要穿外壳。你的脚趾应当能接触到内里的前方。但是，脚趾不应过度弯曲突出，否则会导致疼痛。在多数情况下，滑雪者们选择的雪靴是偏大的，而不是太小的。如果穿着内里，脚趾可以自由活动，雪靴就太大了，尤其是在宽度有富裕的情况下。

性能合脚与比赛合脚

基本原则是在合理范围内，越紧越好。对追求能力的滑雪者，脚后跟容得下两根手指是基本的起点。单独出售的内里，如Zipfit和定制泡棉（若干品牌）经常用来提高对脚后跟和脚踝的包裹性。有的品牌单独出售内里，还用塑料片进行强化，可以嵌入雪靴的壳里，增加垂直方向的刚性。比赛滑雪者常常发现雪靴太小（后跟处容下一根手指），要求进行内部打磨，以获得额外的脚趾空间。对多数滑雪者来说，并不要求对雪靴进行这种处理。

旋转靴与水平靴：哪个更适合你

水平靴和旋转靴，指的是雪靴将腿倾斜或偏转的力量传递给雪板的方式。当滑雪者让雪靴倾斜时，不同材料和设计会造成感觉和动作的差异。由于在性能上存在差异，不同的雪靴适合不同的人群，或者不同的调整方式。再次说明，消费者需要了解雪靴的特点，才能理性购买。1993年，我在《雪国》杂志上发表了一篇文章，指出雪靴的特性，第一次提出旋转、水平和中性雪靴的概念。它激发了读者的兴趣，也引起了争议，因为这是首次阐述雪靴性能和特性。

水平靴

水平靴直接将倾斜的力量传递给雪板，而不需要任何旋转动作。参赛运动员、追求表现的滑雪者以及高手和"抛物线"雪板的用户最喜欢这种雪靴。对X型腿的滑雪者来说，必须使用水平靴。它能提供有效的水平稳定性，而不发生水平方向的弯曲位移。靴筒不弯曲，倾斜的力量就可以全部传递到雪板。只要很少的倾斜力量，就能让板刃接触地面；因为倾斜产生的力量都被传递给了雪板，没有因为靴筒的弯曲变形而损失。

图 12-18 水平靴。特点是后跟坡度很小，前倾幅度适中，靴筒略向外倾斜（靴筒调整亦然）。中央铆钉在水平铆钉之前。引导膝盖弯曲时向外运动。雪靴底部向靴筒延伸

水平靴支撑腿的平衡，引导膝盖沿着直线或是略向外的轨迹移动。厚厚的靴筒，几乎不允许小腿在其中转动。这些特点都对X型腿的滑雪者有好处。因为水平方向的坚硬，能阻止小腿旋转和膝盖向内移动。水平靴非常适合在立刃滑雪时使用。

设计特色：

水平靴上有铆钉的一侧，靴筒向外倾斜。外壳的下半部延伸到靴筒，甚至经常高过靴筒，靴筒的前倾几乎垂直向上。为了防止过度依赖膝盖驱动引起以跖球部位作为轴，向前弯曲的范围也是受到控制的。

水平靴并不总是最贵的。许多公司也会推出平价的优质产品。

旋转靴

旋转靴允许小腿在其中旋转，而后雪靴将横向倾斜的力量传递给雪板。旋转靴更容易让雪板进入转弯状态，它的设计允许靴筒随着腿转动。罗圈腿的滑雪者会发现，有的旋转靴能让他们达到正确的姿势调整，甚至接近中性状态。罗圈腿的人穿上它，更容易让板刃接触地面。请谨慎选择，有的旋转靴格外容易弯曲，甚至难以长时间保持测量和调整的位置。

设计特色：

有的旋转靴在弯曲区附近的外壳上有切割孔。靴筒的铰链和铆钉的位置，通常允许靴筒向内侧弯曲。外壳的下部通常到不了靴筒顶端的高度，也有一些在雪靴下部和靴筒上方采用前倾设计。

任何前倾明显，或是允许靴筒自由弯曲而不受渐进或突然阻力的雪靴，都会导致雪板尾部偏移。在尝试这些雪靴的时候，要把前倾角度考虑在内。在穿着它们走路时，要尽量保持身姿挺直。在系紧最顶部固定扣后，尝试穿着它尽量长时间走路。你发现自己总是向靴舌方向倾斜了吗？腿部是否疲劳？如果你的小腿较粗，穿雪靴时的前倾姿态还增加腿部受力，让这些情形变得更差。你感觉到脚的跖球部位受到许多压力了吗？在买雪靴前弄明白这些情况。在商店里的小小不适，一旦上了雪道，麻烦就会被放大。靴底前倾明显，整体前倾角度较大的雪靴，通常让改造工匠们连打磨的选择都很少。如果你在滑雪后发现雪靴的前倾太过明显，改变的机会就更少了。

试穿和雪地测试，以及事前事后的录像，都显示旋转雪板不合适X型腿的滑雪者。这种设计会让他们的表现更差。在静态测量时，与水平靴相比，旋转靴会让膝盖运动轨迹多"内收"2°。在雪地上，这更明显，X型腿的滑雪者，穿上旋转靴，想完成水平倾斜动作，但是找不到雪板与地面之间的摩擦。雪靴的旋转，允许腿和脚的扭转，吸收了用于倾斜的能量。靴筒的动作，前倾造型和抬起的后跟，阻止了X型腿的人获得板刃的摩擦力。即使调整了雪板也难以使用板刃的滑雪者，或是完不成"抛物线"雪板的立刃动作者，可以尝试使用不将水平倾斜能量传递给雪板的雪靴。至少有一家雪靴公司意识到了这种特点。注意，如果你依靠精确信息，就能买到合适的雪靴。在购买时不要凭空猜测，找一家有专业调整人员的雪板店。

前倾和靴跟角度

高山雪靴的靴筒（包围腿的部分）向前方倾斜。当雪靴固定在腿上时，小腿会向前倾斜，而不是保持垂直。靴筒偏离垂直方向，向前倾斜的角度被称为前倾角。不同品牌和不同型号雪靴，前倾角各不相同。

前倾角会影响雪板受到的旋转力。多数水平靴的前倾角度不大。当今的许多雪靴还有前倾控制。当滑雪者向前方弯曲膝盖时，动作幅度大，就会有过多的能量传递给脚的跖球部位。如果滑雪者想在跖球部位受力较大，并且小腿贴近靴舌时倾斜雪板到合适的边缘接地角度，雪板的尾部就会滑动，因为此时尾部太"轻"。这种情况下的弯曲腿倾斜动作，通过鼓鼓的杠杆效应，以及大腿内侧的内收肌产生强大的扭转力。

在挑选雪靴时，后跟角度也是一个重要因素。什么是后跟角度？靴板在内里以下，支撑着在雪靴内的脚，在长短方向的倾斜度。靴跟比跖球和脚趾所在的前足部位要高。这种由高度产生的差异被称为靴跟角度。与前倾角度类似，不同品牌和不同型号雪靴，靴跟角度也各不相同。

乍一看这一角度无关紧要，但是它对前后方向的平衡以及让板刃倾斜的能力却有很大影响，尤其是将靴跟角度与前倾角度共同考虑时。靴舌不是让小腿倚靠休息的位置。想象你穿着牛仔靴，难道不是用靴跟站立，来减轻跖球部位和大腿肌肉的负担吗？过大的靴跟角度和过大的前倾角的共同作用，就是造成过度弯曲腿的动作，必然导致大腿肌肉疲劳。在许多情况下，它还会让滑雪者保持过低的蜷缩髋部姿势，消耗腿部力量。这种缺陷可以使用力量衬垫来测量，并作为补救手段，这是解决靴底压力分布的设备。补救措施就是降低靴跟高度，让靴筒接近垂直。让腿更接近直立，减轻跖球部位的负重，在脚长的方向上重新调整压力分布。力量衬垫还是确保雪靴调整产生理想效果的工具，力量衬垫的测试结果显示了多数滑雪者的靴跟高度并不合适，因为靴跟高度是要求髋部保持向后的低姿势来保持平衡的。

一些顶级带内里的雪靴具有明显前倾角和靴跟角度，足够引起转弯时的旋转动作。虽然有的雪靴具有前述水平靴的若干特点，如坚硬、高帮和带铆钉，但是前倾角和靴跟角度能抵消它们的作用。许多制作雪靴的行家会说，这是一双坚硬的比赛雪靴，相信它具有明显的水平靴特色和强大的边缘控制能力。这与前倾角和靴跟角度也没什么关系，多数制造商都会拿参赛和竞赛成绩作为广告卖点，不过，世界级大赛使用的雪靴，看上去与零售版的产品相似，但是与大批量销售的完全不同。顶级竞赛产品都采用了不同的模具和塑料材质。这里需要注意的是，你不应该上当，仅仅因为广告中有比赛结果就相信一双雪靴具有快速的边缘接地操控性能。因为你买的并不是用于夺冠的产品。我个人对这方面深有体会。我相信，有的公司的广告言过其实。我的雪靴就不是广告中的世界大赛用品，我也用不到它们。我只需要它们足够实用，事实就是这样。

硬度和弯曲调整

即使是穿同样大小雪靴的人，体重也可能千差万别。如同柳条一样瘦弱的人，也许想穿一双软一些的雪靴；而一个肌肉发达的壮汉希望有双硬雪靴来提供足够的支撑。滑雪者们的偏好也是因人而异的。有的人喜欢硬雪靴，其他人偏爱具有较大弯曲自由度的雪靴。如同其他户外用品，用塑料制成的雪靴，软硬程度也会随着室外气温的变化而改变。当塑料遇暖时，如在春季或是在商店中，雪靴就会很柔软，更容易弯曲，并且弯曲的幅度也更大。当塑料遇冷时，如在冬日的清晨，雪靴就会变得僵硬，难以弯曲。有的雪靴带有弯曲调节器，用户可以根据需要自行调节。这样，同一双雪靴就能提供足够的和令人满意的性能，以及功能活动范围，适应不同人群在不同条件下的需求。

靴筒调节

首先，靴筒调节并不是关于斜度的，也不能替代调整。许多厂家错误使用这个词语。几年前，通过在雪靴下方放置垫片，改变角度来调节的方式，才被称为斜度调整。靴筒调节只是改变靴筒的水平倾斜角度，让它适合小腿的角度。如果你能从身后观察几个人的小腿和脚，就会发现，平均来说，小腿下方倾向于稍微向外侧倾斜，当然倾斜程度因人而异。雪靴的高靴筒，除去衬垫，都是坚硬的，能紧密包裹小腿。如果靴筒的角度与腿差别较大，就会不舒服，对动作调节和水平方向的平衡产生负面影响。靴筒调节应当允许小腿在靴筒内水平移动，并且不改变腿的角度，同时还要紧密包裹，让雪靴对板刃的控制能力得以保留。

不是所有的雪靴都有靴筒调节功能，这不意味着穿上它们就会约束表现，或者不是高端型号。其实，许多成功的比赛靴也没有靴筒调节功能，这些雪靴的设计目的就是提供迅速的水平方向反应能力。因此，靴筒与下面的部分是紧密连接的，不能轻易活动。如果按照性能区分，这类雪靴属于水平靴的类别。

许多雪靴带有靴筒调节功能，这意味着有这样一个设备，可以让靴筒的上部变得更为低矮。调节组件通常位于踝骨位置外侧的外壳上，在松开调节设备时，上边的部分，也就是靴筒，就可以活动。在松开后，靴筒可以在左右方向上有限调整，让靴筒的内侧或中部靠近或远离腿。降低靴筒的水平侧（外侧），它的内侧就会更靠近腿。抬起水平侧，内侧就会远离腿。多数滑雪者，通过调节设备的螺丝来调节靴筒。先松开将靴筒固定在某个位置的螺丝，然后再扣上挂钩，向前用力弯曲五六次，靴筒就会根据膝盖的移动轨迹和腿的角度自行调整到居中位置。可以让一位朋友帮助调整。进一步地调节靴筒，对那些具有特定调整问题的滑雪者帮助巨大。调整应当在经过认证的技术人员进行评估后进行。

当需要更具体的调整时，需要移动靴筒内侧（双腿之间），让它们与腿更为贴近（降低靴筒外侧的高度），就能让它对倾斜动作的反应更快。这样就更像是水平靴。让靴筒内侧向外移动（抬高外侧的高度），可以让小腿在倾斜前移动更多距离，这样就更像是旋转靴。

雪板

我在1997年写这本书的第一版时，"抛物线"雪板只问世数年。细腰雪板在靴底以下的部分，宽度只有62毫米。宽腰雪板的宽度也只有75毫米。现在，整体呈流线型的宽雪板流行起来，想找一副宽度在85毫米以下的雪板都不容易了。许多滑雪者并不愿意看到这种情况，他们喜欢宽度在65～75毫米的雪板。

对正在学习通过倾斜雪板来实现边缘卡宾动作的人，尤其是那些尝试立刃滑雪的人，任何比雪靴更宽（68毫米）的雪板，都会让倾斜动作变得困难。雪板的腰越宽，就越是要靠杠杆力量来完成倾斜动作。在硬雪或冰雪上，这一问题尤为突出。滑雪者的体重对雪板产生作用力，对雪板接触地面的一侧边缘产生杠杆效应，具有让雪板回到水平位置和减少倾斜角度的趋势。如果你知道如何完成大幅度的倾斜动作，如何弯曲腿来帮助脚的倾斜，你就能享受更为狂野刺激的滑雪。如果你还在学习阶段，就会发现，在窄雪板上更容易实现倾斜动作。

在多数地方的雪季早期，或是在积雪较浅地区的整个雪季，当积雪变硬时，腰宽为65～75毫米的雪板更容易实现立刃滑雪动作。如果你经常在软雪地上滑雪（多么幸运），你也许更喜欢宽一些的雪板（不少于85毫米）。

"抛物线"雪板的改进调整与滑雪

如果选择合适的"抛物线"雪板，就可以减少调整所需的努力。不合适或是与腿部结构不符的形状雪板，则会放大需要调整的不足。这会让你对"抛物线"雪板的第一印象大打折扣，并且可能成为它的怀疑者。这太不幸了，因为每个人都可以选择合适的"抛物线"雪板，我认为它们比迄今为止生产的一切滑雪装备都来得好。如果在尝试"抛物线"雪板的同时，能尽量减少自身需要调整的不足，你的滑雪水平就能提高一到两个等级，觉得整个人都焕然一新了。"抛物线"板刃倾斜的决定因素，在于它在你脚下部分的宽度。雪板腰宽成了决定调整过程的标准。一旦知道了该如何调整，就可以选择一副可以提高滑雪能力的形状雪板。

窄腰"抛物线"雪板

在"抛物线"雪板面世的早期，我就与许多使用者合作。我们尝试了许多种雪板的组合，我们想看看不同雪板是如何影响提高的，结果很有趣，并形成了关于雪板设计如何影响滑雪者的新理论。我还记得一个例子。

在一期培训班上，最差的一个学员跟不上进度，感觉非常沮丧。他很害怕面对整个小组，因为他是个体育教师，算得上运动员类的职业。他非常难为情，而且有严重的罗圈腿现象。教练（接受过调整过程的训练）带他到调整中心进行评估，结果证实了她对这名学员的预期：很明显的罗圈腿，大约有3度。最快的调整方式是在每只雪靴下面放上2度的垫片。这让他的腿直了一些，膝盖的运动轨迹也有了改观。不过，他的罗圈腿还是很严重。下一步，换一对窄腰"抛物线"雪板。雪板的腰部在雪靴下面消失了。当你向下看时，看到的只有雪靴而没有雪板。常见的雪靴的宽度为68毫米，比雪板的腰部要宽一些。窄腰"抛物线"雪板的腰部宽度只有62毫米。雪靴悬空在雪板两侧，因此非常容易倾斜，如同倒置的金字塔，上宽下窄。

像这位体育教师一样的罗圈腿滑雪者，因为他们的膝盖朝向雪靴的小脚趾方向，因此在做让脚向大脚趾方向倾斜的动作时存在困难。想让雪板倾斜，就必须在水平方向上付出额外努力。技术人员拉出细腰"抛物线"雪板，安好调整带。有了新的装备和调整手段的组合，在一趟下山滑雪的过程中，他的水平与组里最好的人差不多了。虽然这并不是正规测试，但是大家都说他的水平明显进步了。

现在，你找不到比脚下部位62毫米更窄的雪板了。不过，如果你找一副脚下部分宽度为65~75毫米的雪板，转弯半径仅为12米，这副雪板很容易出现侧沿倾斜接触地面的状态。紧凑的转弯半径，让那些罗圈腿的人也有可能滑出完美的弧形轨迹。

宽腰"抛物线"雪板

宽腰"抛物线"雪板非常流行，适合许多滑雪者，对X型腿的人格外适用。还记得前文提

到的苏西吗？她不能让滑雪装备与动作协调。X型腿的人，双膝靠近大脚趾方向，甚至还要更近。这是不稳定的姿势。单脚平衡变得不可能，雪板只能倾斜。滑雪者只能用脚向大脚趾倾斜这一种姿势，雪板也不会形成弧形。图12-19中的滑雪者就是X型腿。宽腰"抛物线"雪板就好比是一条独木舟，腿只需要很少的水平动作，就能让它达到侧向倾斜和理想边缘角度的状态。在膝盖过度向内运动前，雪板就可以在地面产生摩擦和变成拱形。宽度在70毫米以上的雪板，通常比靴底更宽，由于杠杆力臂距离延长，侧倾动作遇到了更大的阻力。

4毫米的雪板宽度差别，也可能影响板刃的位置——每侧2毫米。想象滑冰或单排轮滑的例子，玩家很容易倾斜冰刀或滑轮的角度，因为它们在脚下的部分都比鞋子要窄。再设想一种夸张的情形，如果冰刀与鞋底一样宽，那么几乎不可能做出倾斜动作。在宽腰雪板上，滑雪者的膝盖与雪板上方在同一平面上，而不是在雪板的内侧，因此，更容易让雪板保持水平。

在我第一次写下关于"宽""窄"的概念时，"宽"的含义是脚下部分的宽度为70～75毫米。因此，如果你是X型腿的滑雪者，现在可以从许多75～80毫米宽度的雪板中进行选择，它们能给你带来基本的支撑，抵消X型腿的负面影响。

b

c

图 12-19　典型的X型腿滑雪者，两支雪板的内边沿会卡住

腰宽和转弯半径

"抛物线"雪板的腰宽会决定转弯半径吗？被迫用一个尺寸的半径完成转弯，仅仅是因为身体结构吗？腰宽只是雪板设计的一个因素，转弯半径取决于其他方面，如雪板首尾宽度、长度以及长度和宽度两个方向的旋转性。另外，腰宽是判断调整效果的一个参考因素，在购买雪板时容易测量和对比。

窄腰雪板的转弯半径通常比宽腰雪板的要小一些，但是有一些例外。多数窄腰雪板的转弯半径在10～16米（18米也算是较小的半径，传统雪板的转弯半径甚至能达到33～40米）。腰部最窄，而首尾最宽的雪板，能产生最紧凑的转弯。例如，有的雪板腰宽65毫米，前端宽120毫米，后端宽105毫米，如此显著的差别，意味着当它倾斜时能做出边缘切割的动作。它的长度是16.5米，转弯半径为10米。

宽腰雪板的转弯半径通常为16～22米。即使宽度达到90毫米，前端和尾部翘起或者超宽的雪板也可以完成格外紧凑的转弯。

窄腰和能够紧凑转弯半径的雪板，并不仅限于小尺寸转弯。宽雪板也不只限于大尺寸转弯。滑雪者并不完全被雪板设计时的转弯半径和侧向切割所控制。

交叉考虑

虽然知道雪板会影响调整，一些滑雪者还是会选择性能与调整要求相反的雪板。就算雪板不太合适，你仍然可以成功滑雪。最好的解决方法就是做出正确的调整。

如果你是罗圈腿，又喜欢用宽腰雪板，请记住这一选择并不恰当。在粉雪或软雪环境下，它对你的影响不如在硬雪上那样明显。你或许注意到，在硬雪上，你的膝盖会发酸。肌腱和韧带需要抵御对倾斜的阻力。正确的调整会让你的身体重心接近雪靴和雪板之间的中间点。在固定器下安装抬升器，会让倾斜更为容易，它能给你更多的利用杠杆能力，减少让板刃倾斜消耗的力量（下文会对"抬升器"做更多介绍）。寻找转弯半径小于16米的宽雪板，用较少的倾斜努力即可达成紧凑的转弯。

如果你是X型腿，却希望使用窄腰雪板（如野雪或雪包雪板），也有一些可以起作用的零件。推荐进行系统的调整。水平靴是必备物件，避免使用太高的抬高器和太高的固定器，应当选让脚与雪板尽量靠近的固定器。所有这些组合都能让雪板符合你的使用特点。

长度

在使用"抛物线"雪板前，我用20.4米长的雪板。在开始写这本书的时候，我用18.3米长的雪板在灯芯绒雪道或是雪包雪道滑雪，或者用19.3米长的雪板去粉雪和更陡的山地滑雪。那副18.3米长雪板的转弯半径是12米，19.3米长雪板的转弯半径是26米。它们的腰宽都是62毫米。现在，我日常使用长度为17米、宽度为66毫米、转弯半径为12米的雪板。如果我要去没有人滑过的雪道上快速滑雪，我会选择长18.3米、宽94毫米、转弯半径为19米，并且首尾两端向上翘起角度最小（都是接地长度的10%）的雪板。

在"抛物线"雪板出现时，老派滑雪者们并不愿意使用它。他们经常在前端向上翘起的雪板上找到快乐。他们仍旧留着长雪板，但是滑雪的方式却与使用更短的"抛物线"雪板类似。

选择雪板

现在可供选择的雪板太多了。最好尝试一下购买前的必做功课。

在我写这本书的时候，你如果知道腰宽和转弯半径，就算做好了选购功课。而今天，你还要知道雪板的翘起角度、是前端翘起还是尾部翘起、侧向切割的长度是否和雪板本身长度一致，能否补偿翘起部分。选滑雪场的使用日去看看吧，或者去一家声誉良好的雪板店，试用2～4副可能有用的雪板。试用的环境一定要接近使用场合。如果你想买一副窄腰雪板，在雪季早期的硬雪上使用，就要在同样环境中测试。如果想买一副更宽的雪板，用于粉雪，也需要等到合适时进行测试。即使两副雪板的参数相同，也可能有不同的性能表现。你需要买一副与速度、身材、平衡和倾斜能力、转弯技术及个人偏好完美契合的雪板。

抬高器、滑轨和固定器，适合每一个人吗？

现在，有许多固定器可供选择。有人喜欢直接固定在雪板上的平头传统样式，许多粉雪爱好者喜欢这种杠杆构造和感觉，也有一些固定器可以抬升高度。

它们具有以下功能：

（1）将固定器从雪板上抬起；

（2）让雪板可以独立于固定器底座弯曲；

（3）抑制雪板震动；

（4）增加旋转抗阻和长度方向的硬度。

不是所有的抬高器都有同样的功能。任何滑轨和底座都能做到第（1）项。多数休闲滑雪者使用抬高器和滑轨系统实现第（2）项。通常只有竞赛者会去尝试后两项。

我们看看第（1）项。在固定器下增加材料，会增加脚到雪板之间的距离。这相当于延长了腿倾斜杠杆效应的力臂（腿到作为支点的板刃的距离更远了）。倾斜雪板所需的力量减少了，而腿部必须移动更长的距离。这对滑雪者有两方面影响：第一，更容易倾斜雪板，因为阻力更小了；第二，达到理想角度的时间更长了，因为杠杆作用需要经过的距离长了。当然，如果你能用更快的动作完成倾斜，你就可以弥补时间差。也许这看上去有些过于关注细节，但是雪板形状、抬高器和雪靴种类都会产生正面或负面影响。整套装备选择应当提高使用雪板的能力，因此理解这些特点非常重要。

如果你在窄腰雪板上加装抬高器，它就更容易倾斜。我们从前文关于滑雪与调整的描述中得知，X型腿的滑雪者，已经很容易让雪板发生倾斜，并且倾斜度可能过大了。他们的脚应当尽量接近雪板，避免过度调整。罗圈腿的滑雪者将受益于窄腰雪板和抬高器的组合。若你是想使用宽腰雪板滑雪的罗圈腿，必须使用抬高器。

使用抬高器的另一个好处是，杠杆（腿）移动距离增加带来的小动作增加。通过动作改变板刃状态的时间长了，就能做出更为渐进的动作。倾斜对滑雪的每个方面都是很重要的基本动作，用装备改进动作是一个优势。抬高器能产生更温和的倾斜角度变化过程，让滑雪者控制板刃的动作更为细致。

现在，许多滑雪者选择能让他们步行上坡的固定器（与防滑带合用）。许多这样的固定器很高，将雪靴从雪板上抬高2～3厘米。在挑选可行走固定器时，还要考虑这一因素。

术语

内收：身体末端向中心或中线运动的动作。

内收肌：股骨内侧的肌肉，带动大腿向身体中线旋转。

生物力学：人体等生物的力学过程，人体在静止或运动状态下，力的作用效果。

罗圈腿：双膝分开或朝向两个方向运动的姿势。

切割：当板刃沿着弧线轨迹运动时，雪板的首尾沿着统一轨迹运动。在雪地上，转弯的痕迹是一条干净狭窄的弧线。在最充分利用雪板设计和形状时，才能实现切割。

猫道：在滑雪场里，雪地摩托等服务车辆使用的山路。猫道通常是小道之间的连接线，对滑雪者开放。

转体：雪板平行完成弧线轨迹的滑行转弯。

共同收缩：主动肌和拮抗肌的同时动作，用来稳定和修正关节运动。

滚落线：沿着坡道的最陡方向，重力的直接下拉作用最大。

股骨旋转：大腿骨在骨盆内以直径为轴的旋转。

足内扣：倾斜一只脚，让它的脚底朝向另一只脚。

X型腿：双膝碰撞或共同运动的姿势。

动作学：对人的动作的研究。

水平动作：向身体侧面方向的运动。

里程碑： 给定动作序列所能到达的层次水平。

泥坑： 金毛猎犬大小的水坑，它们在夏天会跳进去泡澡。

平行匹配： 两支雪板平行。

幻影移动： 自由脚和脚踝的动作，向内倾斜自由脚，让它靠近支撑脚，产生转弯动作。

前吸收： 当地形复杂或速度较快时，预见冲击并弯曲腿来避免。

基本动作： 从脚开始的最优先和最重要的动作，这些动作生成了动作链的平衡反应。

侧滑： 保持雪板平行，以横越坡道为目标的侧向运动。要想完成，就必须让雪板平行于地面。

侧向步行： 用站姿横越滚落线的方向，在坡道上下侧向行走。每次移动一侧的雪板，保持两支雪板平行。

骨骼调整与排列： 调整身体骨骼，获得最大力量来抵抗外力。

操控和旋转动作： 通过扭转身体的部位来驱动或停止雪板的传统方法。从腿开始的旋转动作，是对精确滑雪控制最不利的驱动动作。